JN032362

『唯信鈔』と『唯信鈔文意』

木邊　円慈

善本社

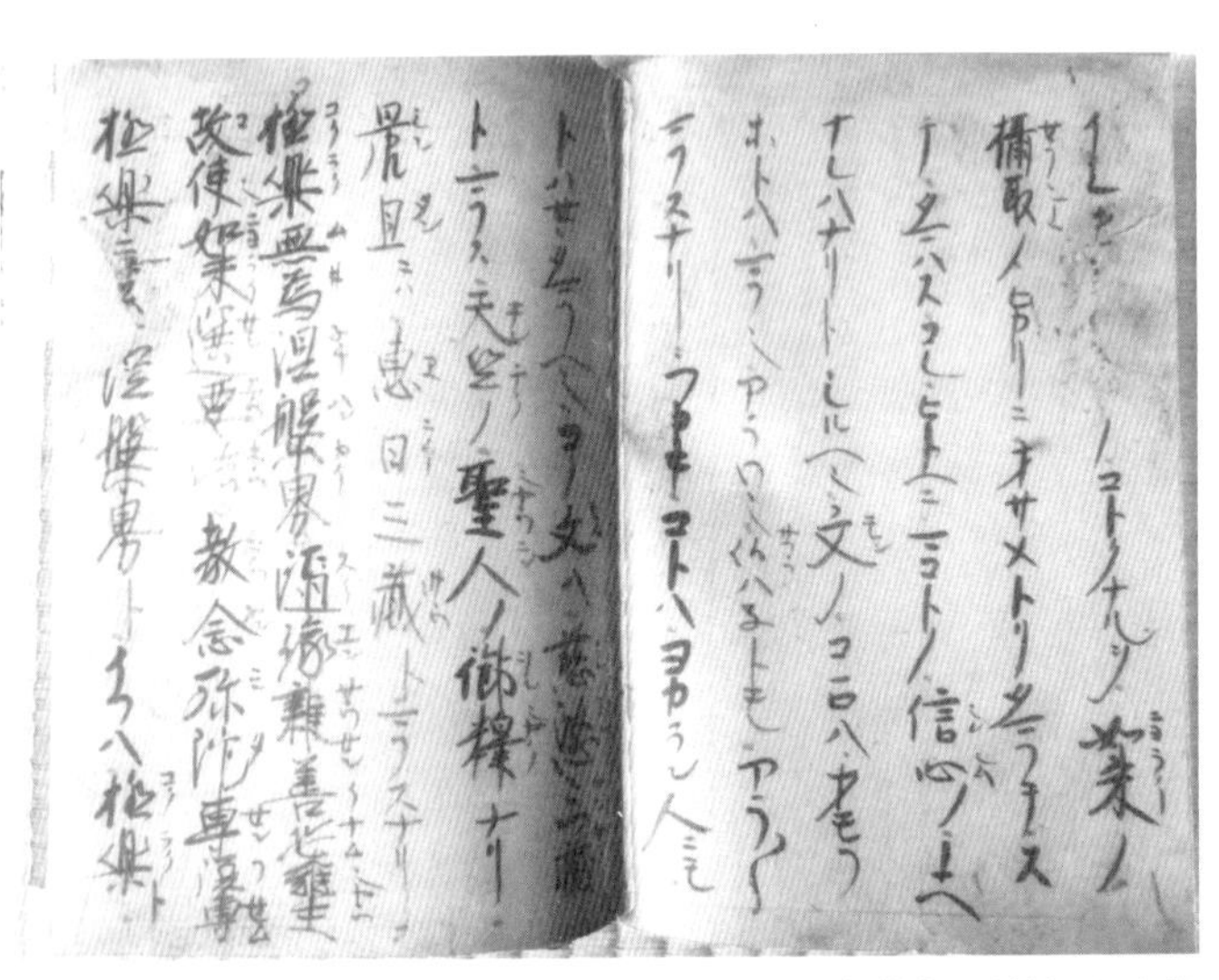
宗祖六百五十回忌を記念して、昭和 11 年に松江山教覚寺で刊行された複製本より。同書は欠損ありと、良如上人の補筆あり。巻頭近くの文（補筆）

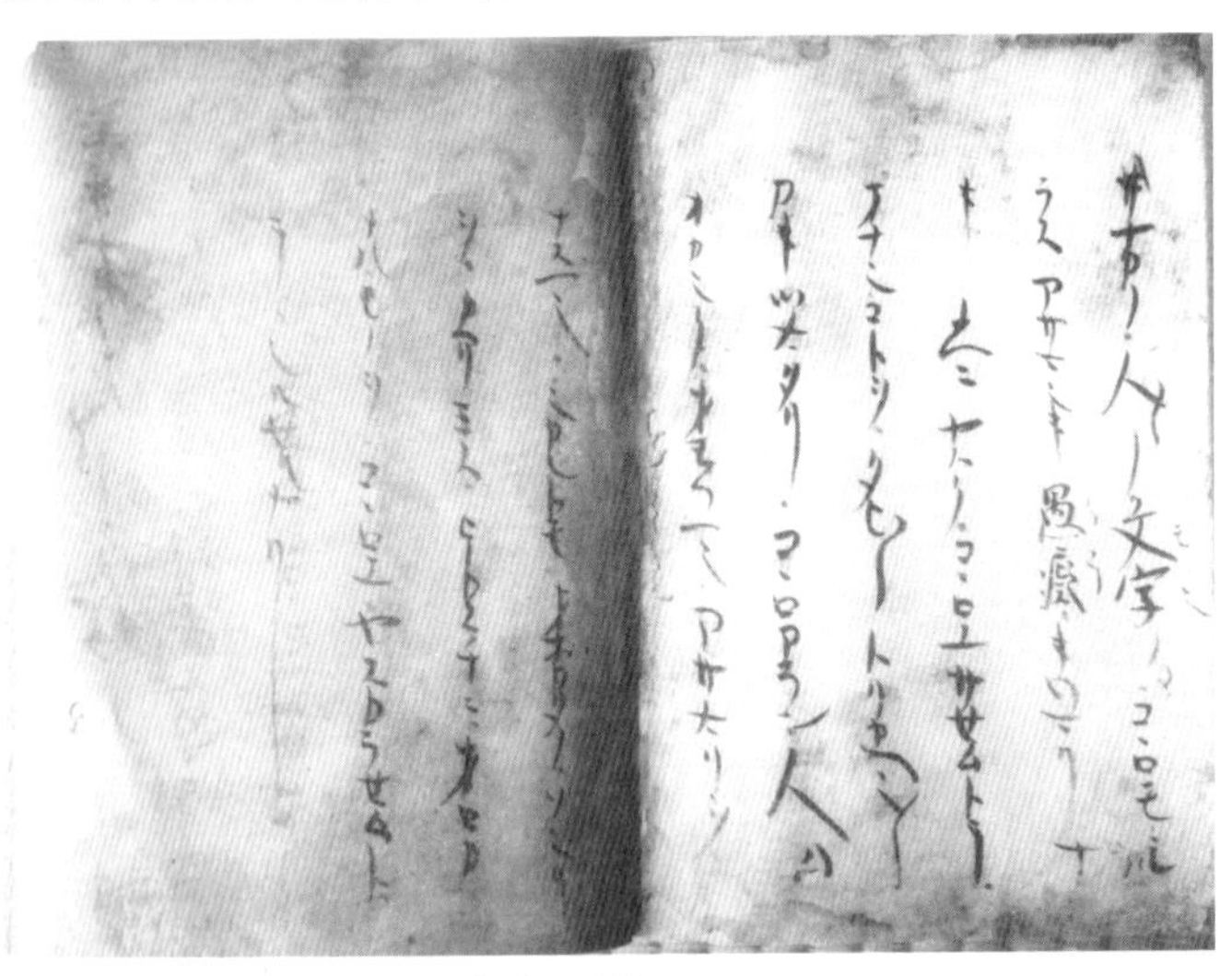
聖人筆、「いなかの人々」の文末の言葉

まえがき

親鸞聖人と言えば『歎異抄』、という結びつきが世間の常識になっていますが、その中にただ一つ出てくる書名があります。それが『唯信鈔』です。それは親鸞聖人が、門弟たちに「読んでみよ」と勧めている書物なのです。

そして親鸞聖人は『唯信鈔文意』という書物もお書きになっています。それは単純に『唯信鈔』の解説としてお書きになったのであろうと考えやすいのですが、そう思われているのとは少し違います。別個の著作の様相を示しているのです。

しかも、『唯信鈔文意』は、かなり晩年になってお書きになっています。そこには、晩年の円熟したお考えが含まれているのではないかと思われます。そこには次のように書かれています。

「いなかのひとびとの、文字のこころもしらず、あさましき愚痴きはまりなきゆへに、やすくこころえさせんとて、おなじことを、たびたびとりかへし書きつけたり。こころあらんひとは、をかしくおもふべし、あざけりをなすべし。しかれども、おほかたのそしりをかへりみずひとすじに愚かなるものを、こころえやすからんとてしるせるなり」

これは『唯信鈔文意』の末尾に書かれている、親鸞聖人のお心です。現代のわれわれは、漢文は読めない、古文もすらすらとは読めません。それは、親鸞聖人がおっしゃる「いなかのひとびとの、文字のこころもしらず」と言われる存在と同じではないかと思いました。

そこで、親鸞聖人のご配慮に沿い、さらにやさしく現代の言葉に読み直して、浄土真宗の心を尋ねたいと思いました。

したがって、原典や参考文献をやたらに引用する記述は行いません。またやむを得ず引用する場合には、そのものを砕いて、読み下した文にいたします。

講義の典拠としては、本願寺刊行の『浄土真宗聖典注釈版』、『同七祖篇』を使います。同書には『唯信鈔文意』および『唯信鈔』の両書とも掲載されております。また、句読点やカギかっこ等も、本来の原典にはありませんが、引用の書に従います。ただし、振り仮名については一部大切なもの以外は省略しました。

（各種事典などの引用部分に関し、読者が理解しやすいよう、一部著者が改変しました。）

目　次

第一章　はじめに

㈠『唯信鈔』と『唯信鈔文意』概説

――各辞典により概略を得ます。記述は改めた所があります。

①『唯信鈔文意』『浄土真宗聖典註釈版』の解説文による

本書は親鸞聖人が、おなじ法然上人門下の先輩にあたる聖覚法印が著された『唯信鈔』についてその題号および引証された経釈の要文に註釈をほどこされたものです。この中題号の釈およびはじめの三文（法照禅師の『五会法事讃』の文、慈愍三蔵の文、善導大師の『法事讃』の文）の釈が詳しく重要な法義上の釈顕がみられます。

聖人が『唯信鈔』を尊重され、また門弟にしばしばこれを熟読するように勧められていることはご消息の記事や数回にわたる写伝の事実などから知られるところですが、『唯信鈔』に引用される経釈については聖覚法印は詳細な解釈は施されていません。本書は巻末の文からもうかがえるように、この『唯信鈔』の要文を註釈し、人々に了解しやすいように懇切に説き示されるとともに、「極楽無為涅槃界」の釈にみられるような深遠な解釈を施して、浄土真宗の法義をより明らかにされたものです。

② 真宗大谷派の聖典として金子大栄師の『親鸞著作全集』の解説文による

『唯信鈔文意』は、聖覚法印の『唯信鈔』に引証する経釈の要文をひろって註釈を加え、その意味を明らかにした書です。

聖人は、同門の法友のうち、とりわけ聖覚法印と隆寛律師とを尊敬し、しばしば両師の著作を書写して門徒に与えられました。専修念仏の要義を示して、ただ信心に極まることをあらわした『唯信鈔』も、聖人が門徒に勧められた書の一つですが、無学な田舎の人々にはなおそれが難解であることをおもんぱかり、自ら『唯信鈔文意』を著して分かりやすく説き明かされたのです。

『唯信鈔文意』は専修寺にその真蹟二本、すなわち康元二年（一二五七）の正月十一日、および同年同月二十七日の奥書があるものを蔵し、盛岡本誓寺にも真蹟と伝えられている一本、すなわち建長二年（一二五〇）十月十六日の奥書があるものを蔵しています。また河内光徳寺には室町時代の古写本があって建長八年（一二五六）三月二十四日の奥書を有します。これらはいずれも多少の相違があるが、現に完本として流布されているもの、すなわち正嘉元年（一二五七）八月十日の奥書を持つ本は、以上の諸本に比すると一層異同がめだち、聖人の加筆訂正されたあとがうかがわれます。ちなみに所収の底本は専修寺の康元二年正月二十七日の本です。

『唯信鈔』の聖人自筆の書写本は専修寺に二本、西本願寺に一本、東本願寺に断簡を蔵しています。所収のものは専修寺の寛喜二年（一二三〇）の本によります。

【説明】

一般的に『唯信鈔文意』は『唯信鈔』を解説した、あるいは解読し説明する注釈書であると考えられています（次の頁の『浄土宗辞典』の傍線部分）。つまり『唯信鈔』が主であってその下にあるものということです。しかしいま二つの解説文を読ませていただいたが、そう書いてありますでしょうか。『唯信鈔』の注釈とは書いてありません。『唯信鈔』の中に引用されている経釈の文の解釈と書かれていますから、『唯信鈔文意』は『唯信鈔』とは別個の独立した著作物なのです。これは大切なことです。文意とはその経釈の文の意であって、『唯信鈔』の文意ではありません。実は『唯信鈔』ではその引用をした経文を全く解釈されておらず、経文は漢文のままなのです。

『五会法事讃』の文、『慈愍三蔵』の文など、おそらく真宗を少し学んだ方でも、なじみのない文であり、それを親鸞聖人は註釈なさっているのです。ともあれ、『唯信鈔』の注釈書ではなく『唯信鈔』の引用文、お経文を親鸞が解説なさっているということは、別個の著作と考えていいわけで、そこには独自の解釈があり、深い宗教的境地が語られているのです。だからと言って『唯信鈔』に全く関係なく経文を解釈なさっているわけではありませんので、その点では、両著は一応つながりをもっていることになります。

③『唯信鈔』とは『浄土宗辞典』を見ると、

『唯信鈔』一巻（浄全続九、正蔵八三、定本親鸞聖人全集六、真宗仮名聖教十三、国文東方仏教叢書法語部）。承久三年（一二二一）、聖覚撰『選択集』の主旨により、他力専修念仏の要義を明かしたものです。法然上人の滅後異義競い起こり、当時一念多念の浄論が盛んであったので、『選択集』で明かされた念仏は単称無信の称名ではなく、必具三心の念仏であることを示さんとして、まず聖道を捨てて浄土に帰し、雑行を抛（なげう）って偏（ひと）えに念仏を修すべきことを勧め、つぎに念仏行者必可具三心の趣旨を述べ、最後に念仏に対する疑難数箇条が釈してあります。

親鸞は信仰の指南書として再々書写して門徒に授け、また注釈書『唯信鈔文意』を著しています。

ここでは（真宗以外の方は）注釈書と堂々と書いています。実物を読んでいないことを証明しています。まあ私も長くそう思っていましたことを白状します。

④『浄土真宗用語大辞典』稲城選恵著より

聖覚法印（一一六七～一二三五）の著作であり、承久三年（一二二一）五十五歳の時著されたものです。この『唯信鈔』一巻の内容は二つに分別され、はじめは一向専修の内容を述べられ、その中に聖浄二門、仏願生起、専雑二修、三心具足を述べられ、法然聖人の教えの正義を顕彰され、次に「釈疑勧信」を十念釈疑、臨終の念仏、業障釈疑、宿善釈疑、一念釈疑の内容となっています。あとの釈は異義の批判ですから、あたかも『歎異抄』十八章と同じ構成になっています。宗祖聖人は晩年の門弟からの質問に対し、しばしばこの『唯信鈔』や隆寛律師の『後世物語』『自力他力事』などを読むことを勧められています。それ故浄土真宗の聖教の中に現在も加えられています。解説書以下、省略します（あとの参考図書一覧に掲載）。

(二)『唯信鈔』の著者聖覚法印

①『浄土宗辞典』より

聖覚（せいかく）　仁安二年～嘉禎元年（一一六七～一二三五）、「しょうかく」また「せいかく」ともいう。法然上人の門弟。藤原通憲（みちのり）の孫、澄憲の子。安居院（京都市北区大宮寺之内四丁目東入）に住したので安居院の法印とも呼ばれました。初め竹林院静厳に師事し天台においては恵心流と檀那流をともに相伝しました。この結果、比叡山においては重要な役職に就きました。また皇室や公家の仏事に招かれて説法唱導を懇請され釈尊の弟子、富楼那（説法第一）の称を得ました。

説話集には、多くの逸話が載せられています。法然に帰依し、瘧（おこり）病退散の唱導を行って師弟ともに治病したり、法然弾圧の声に対して、「登山状」を起草したり、勝尾寺留錫中一切経寄進の解題供養のため説法をしたり、但馬宮雅成親王の下問に答申したり大いに活動しましたが、嘉禄の法難には山門に陳弁などしました。墓は大宮寺之内東入西方寺（真宗）にあり、著書として『唯信鈔』『四十八願釈』『草案集』などがあります（三・五寂）。以下省略。

②『岩波仏教辞典』および林水月師の書より

聖覚・一般的にはしょうかくと読まれていますが、同時代の文献によるとせいかくが正しい。仁安二年（一一六七）～嘉禎元年（一二三五）。藤原通憲（みちのり）、出家して信西と名乗り、信西は平治の乱で自殺、その子どもは十五人いて、その一人澄憲（ちょうけん）の真弟。権大僧都。現大宮寺之内の安居院（比叡山東塔北谷竹林寺の里坊）に住し、安居院の法印とも呼ばれました。父の澄憲とともに天台の恵壇二流を相承して安居院の教学を立てました。父と同じく唱導の名手で「濁世の富楼那」（明月記）と評され「天下の大導師・名人」（尊卑文脈）といわれました。法然の高弟で、師に代わって書いた『登山状』は名文で名高い。唱導文献の蒐集・整理に努め、その中でも『言泉集（ごんせんしゅう）』はもっとも流布しました。『唯信鈔』は親鸞に大きな影響を与えました。

【註釈と説明】

◎「実子」を弟子にしたのを真弟といいます。家族における弟ではありません。仏僧の世界の特殊な用語で、養子などで入った場合は附弟といいます。まったくの弟子の場合は弟子。

◎「法印」とは僧階の高位で、僧綱で大僧正のものを呼ぶのが普通ですが、きちんとした対応がなされているわけではありません。混乱してきています。日本仏教史から見ると奈良時代に僧階が設けられるも、もう平安時代には混乱しており、また、宮中への昇殿資格（位階）も加わり、さらに混乱しています。時代が下って医師、連歌師などが法印の位を受けるようにもなっており、明治になってはすべて政治からは切り離され、各宗派によって勝手にそれらの名称を使ったいろいろな制度が設けられています。

◎「恵壇二流」とは比叡山の中興と呼ばれる慈恵大師良源が弟子恵心院源信と檀那院覚運に次を伝えました。前者が、観門、後者が教門といい、両者を統合したのが安居院流と呼ばれています。その創始者が澄憲です。

◎『登山状』は法然に代わって、聖覚が書いたといわれています。美文で書き上げています。法然がなにゆえに比叡の山に上がったか、仏教を学ぶ在り方、その中で浄土の教えに傾倒するようす、浄土の教えが優れていると主張しています。

◎「唱導」とは演説のことで、お堂への進退の作法があり、表白や発願文、お経を読み、そのあと説教をするという法要の形式ですが、現在の真宗が専ら（もっぱ）に行っている方法です。

以上の略伝で見るように、聖覚は法然の弟子ではありましたが、あくまでも天台僧です。そのあたり今日のようにきっちり分けて考え、存在するとか行動するという時代ではなかったようです。法然が比叡山に提出した『七箇条制誡』の文書（元久元年（一二〇四）十一月七日付）に法然の弟子百九十人が署名しているなか、聖覚は署名していません。親鸞聖人にとっては兄弟子に当たる方です。親鸞聖人は綽空（しゃくくう）と署名しています。

本願寺の覚如の『御伝鈔』六段で信不退、行不退の座をもうけて三百人の門弟にどちらかへお座りくださされと、されたときに法印大和尚聖覚、信空、法蓮、熊谷入道、親鸞が信の座に座った。しばらくして法然聖人も信の座に座った、という話があります。高田派の『正統伝』という親鸞聖人の伝記では聖人六角堂に百日のお籠りに通われていた三月中頃、四条橋の上で聖覚に出会い、そこでの会話から吉水の法然の所へ行きなさいと勧められ、またそちらに通って（恵信尼文書で百日）遂に吉水の法然の所に入門されました。聖覚は単なる兄弟子ではなく、法然に引き合わせた縁の強い、親鸞聖人からいえば十分に尊敬に値する人物となります。

さらに、『黒谷伝』（法然の伝記）に大和前司親盛という法然の弟子が、法然に「師亡き後は疑問などを、どなたを頼りにすればいいのでしょうか」と聞かれ、「聖覚法印はまたわが義を知る」とのたまわったと書かれています（『昭和新修法然全集』７０３頁）。また『西山伝』（西山浄土宗）では、法然が『選択集』編纂の折、簡文役（引用経文の照合・校正）を聖覚が行ったと書かれています。当時も注目されていた法然の教えを正しく継承している方であって、親鸞の身近にいる方、親鸞からすれば信頼出来るお方ということであり、その方が書かれた書物ですから、大切になされ、門弟たちにも勧めたのでしょう。

㈢『唯信鈔文意』と親鸞聖人

㋑ 著作の意図

親鸞聖人がなぜ七十八歳になって本書を書こうとしたのか。その年齢になれば、ご老体です。その理由は二つあると思います。

一つ目は、やはり親鸞聖人のご慈悲の表われです。お教えしなければならないというお気持ちが、年齢を超えて踏み出される起因になったのでしょう。この書は文言の注釈をなさっています。同じ問い合わせがいくつもあったのでしょう。

このあとでお書きになったものに『一念多念文意』（『一念多念証文』とも言われる）と『尊

号真像銘文』がありますが、やはり漢文をやさしく解き明かしています。当時の方々にとって漢文の理解は難しかったのでしょう。もっとも今日また漢文が読めなくなってます。

『唯信鈔』は文章の締めの所にお経の文を引用しています。お経ですから漢文で書かれています。それはどう読みますか、どのような意味ですかという問い合わせがたくさんあったのだろうと思います。衆生を救うということは、とことん教えねばならないというお気持ちでしょうか。『歎異抄』では「面々のお計らい」と突き放していますが、分かってくれというお気持ちがひしと伝わります。

二つ目として、この『文意』の結尾に『一念多念証文』と同じく次のように書かれております。「いなかの人々の文字のこころもしらず、あさましき愚痴きはまりなきゆへに、やすくこころえさせんとて、おなじことをたびたびとりかえしとりかえしかきつけたり。こころあらん人はおかしくおもふべし、あざけりをなすべし。しかれどもおほかたのそしりをかへりみず、ひとすじにおろかなるものをこころえやすからんとてしるせるなり」とあります。

いなかの人々に、「やすくこころえさせんとて」と分かりやすく経文を説明したとありますが、これは説明せざるを得なかったということです。

ここで誤解を招かないように、まず「いなか」という表現ですが、今日では蔑称的な響きがありますが、この鎌倉時代、感覚的には平安時代の末頃のことでしょうが、「みやこ」から一歩出ればすべて田舎です。そのみやこの範囲も、だいたい、現在の京都市の七条から一条まで、堀川から東、鴨川までであって、そこを外れれば田舎でした。また文字を読み書きできるのは限られた人たちです。この当時は仮名が読めても漢字は読めない人が多かったのです。もちろん文盲の方もたくさんいました。そういう方々に何とかして教えにふれさせようと親鸞聖人はお考えなのです。その心を受け止めていただくことです。恵信尼という親鸞聖人の奥方であった方のメモ的な紙が発見されています。それには『大経』の文が書かれていますが、全部仮名文字です。覚えておられたことを書いたのか、書いて覚えようとしたのか分かりませんが、全部仮名文字です。今の我々には考えられません。漢字は文字の形で覚えます。同じ読み方でも、はしは橋、端、箸、土師などいろいろあって、発音だけでは分からないことを文字で知ります。

【閑話休題】

今韓国、北朝鮮ではハングル文字を使っています。あれは日本人が使わせたので、日本人としては申し訳ないことをしたと謝らなければならないのですが、あのハングル文は発音文字なのです。日本語でいえば仮名文字です。どういう意味かを状況で判断しなければなりません。難しい言い回しがしにくい言葉になってしまいました。そして漢字が忘れられていき、漢字が読めないから昔の文章が全く読めなくなりました。漢字を使えばいいのですが、反日、反中で漢字を使うことが考えられない状況になっています。日本の学者の中にも仮名文字だけにせよという主張があります。仮名ばかりの『源氏物語』があるではないかというのですが、今日『源氏物語』は、漢字混じりで刊行されています。漢字を見て分かるのと、全部読んで考えるのとではどうなのでしょうね。私は頭の中が単純になって、忖度出来なくなることは日本の文化にとって良くないのではないかと思います。

◎『唯信鈔文意』について、『浄土真宗用語大辞典』稲城選恵著より

内容は、はじめに『唯信鈔』という題号を釈され、次に法照禅師の『五会法事讃』の「如来尊号甚分明～観音勢至自来迎」の文を釈され、次に同じく『五会法事讃』の「彼仏因中立弘誓～能令瓦礫変成金」の文を釈されている。次に善導大師の『法事讃』巻下の『阿弥陀経』「修因段」の釈である「極楽無為涅槃界～教念弥陀専復専」の文を釈されている。特に「極楽無為涅槃界」については詳しく述べられ、宗祖聖人の仏身仏土論、法蔵菩薩論など、この文を看過することはでき得ない。次に善導大師の『往生礼讃』前序の三心釈、また「散善義」の「至誠心釈」、『五会法事讃』の「不簡破戒罪根深」の釈、最後に『観経』下下品の文などを釈されている。この解釈体のものは『尊号真像銘文』『一念多念証文』とともに浄土真宗の教義

を理解するためにはなはだ重要な聖教である（以下省略）。

重く、大切に見ていた様子。たびたびの書写と『唯信鈔文意』の交付の様子。

㋺『唯信鈔』と親鸞聖人

『浄土真宗聖典（注釈版）』巻末年表より抜粋しますと、

承元元年（一二〇七）（宗祖三十五歳）承元の法難。越後に流罪。

建暦元年（一二一一）（宗祖三十九歳）流罪を許され、越後に在、その後常陸へ。

承久三年（一二二一）（宗祖四十九歳）聖覚法印『唯信鈔』著述。

元仁・嘉禄元年（一二二七）（宗祖五十五歳）嘉禄の法難『選択集』版木焼かれ、流罪者もでる。

【追記】法然門下の兄弟子隆寛が東北へ流罪中、関東の厚木で死去。隆寛は『一念多念分別事』を書いていて、それに寄せて親鸞は『一念多念文意』を書いている。

寛喜二年（一二三〇）（宗祖五十八歳）『唯信鈔』を写す。

嘉禎元年（一二三五）（宗祖六十三歳）聖覚法印死去。親鸞『唯信鈔』写す。

【追記】このころ木部（木辺派本山錦織寺の地）に御来錫。

仁治二年（一二四一）（宗祖六十九歳）『唯信鈔』写す。この年二本あり。

寛元四年（一二四六）（宗祖七十四歳）『唯信鈔』写す。

建長二年（一二五〇）（宗祖七十八歳）『唯信鈔文意』著述。

建長六年（一二五四）（宗祖八十二歳）『唯信鈔』写す。

建長八年（一二五六）（宗祖八十四歳）『唯信鈔文意』写す。

正嘉元年・康元二年（一二五七）（宗祖八十五歳）『唯信鈔文意』二本写す（一月十一日と一月二十七日）。

『歎異抄』引用の例（前後略します。文意確認のときには前後を見るように）
『唯信鈔』にも、「弥陀いかばかりのちからましますとしりてか罪業の身なればすくはれがたしとおもふべき」

ご消息文中に見られる『唯信鈔』への言及の例。
①（前略）さきにくだしまいらせそうらひし『唯信鈔』『自力他力』なんどの文にてご覧候ふべし（以下省略）（７４３頁）。
②（前略）ただ詮ずるところは『唯信鈔』『後世物語』『自力他力』この御ふみなどもをよくよくつねにみてその御こころにたがへずおはしますべし（以下省略）（７７５頁）。
③（前略）そのようは『唯信鈔』に詳しく候（以下省略）（８０５頁）。

④（前略）『唯信鈔』をよくよくご覧候べし（以下省略）（８０６頁）。
他にもあると思いますが、略します。ちょっと気になる表現の所がありました。
⑤（前略）この『唯信鈔』書きたるよう、あさましう候へば、火に焼き候ふべし（７５３頁）。
これは燃やせと言われています。使いなさいというのと、燃やせというのでは百八十度方向違いのように思います。同じ『唯信鈔』という名称の著作で違う本があったようです。それは見いだせていません（研究の余地がありそうです）。

第二章　本文講話

『唯信鈔』の注釈書が『唯信鈔文意』ではないということで、別々に扱ってもよいのですが、しかし『唯信鈔』がきっかけで『唯信鈔文意』が書かれたのですから、何らかの関連性もあるということで、並行してみていくことにしました。独立書として、扱われているのは宗派的思惑が優先されていると感じています。

両書とも長文のこともあり適宜、文を切り、改行します。それは原文にはないものです。カギかっこ、句読点なども原典にはありませんが。使用書に従っています。

抄（てへん）と鈔（かねへん）は違う字になりますが、意味は同じです。典拠する書に従うことにします。

㈠　唯信とは、題号釈

『唯信鈔』

安居院法印聖覚作

『唯信鈔』は題号です。二行目には安居院法印聖覚作とあります。

題号のみでその意味や説明はありません。なぜ書かれたのかという意図を忖度するしかないのですが、『浄土宗辞典』などでは「その当時一念多念の論争が盛んであったので、『選択集』で明かされた念仏の在り方を示された」とあります。補足していえば、書物の題名はその内容を端的に示すものという言い方が、常識的に存在するのですが、『唯信鈔』という題名はただ信心が大切であって、念仏の多少や念仏することが大切なのではないということを示されました。更には、法然聖人の『選択集』に示す念仏は信心が大切とされています、ということでしょう。

以下余談ですが、題名は内容ということが常識的に存在するといいましたが、このような話が仏教では伝わっています。『勝曼経』に龍樹菩薩が、竜宮へ行って夏の九十日間で、竜宮の蔵の本を全部読んだとされています。いくら偉い龍樹さまでもそれは難しいのではないか。ではどうなさったのか。題名を読んで中身を理解された。題号にはその本の大意が表れているのですというはなしでした。やはり龍樹菩薩はお偉い方です。

「唯信鈔文意」

『唯信鈔』といふは、「唯」はただこのことひとつといふ、ふたつならぶことをきらふことばなり。また「唯」はひとりといふこころなり。「信」はうたがひなきこころなり、すなはちこれ真実の信心なり、虚仮をはなれたるこころなり。虚はむなしといふ、仮はかりなるといふことなり。虚は実ならぬをいふ、仮は真ならぬをいふなり。本願他力をたのみて自力をは

なれたる、これを「唯信」といふ。「鈔」はすぐれたることをぬきいだしあつむることばなり。このゆえに『唯信鈔』といふなり。また「唯信」は、これこの他力の信心のほかに余のことならはずとなり。すなはち本弘誓願なるがゆえなればなり。

『唯信鈔』という題号を解釈なさっています。題号釈と呼ばれます。題号は中身を総じ、趣旨が示されるのである（題号は一部の総標）という思いが親鸞聖人にもあったのでしょうか。この『唯信鈔』の題号を大切なものとして、釈をなさったようです。したがって親鸞聖人の独自の釈ということになります。ここには浄土真宗の宗義の大切な部分が述べられています。しかも分かりやすく正確に出ているといわれているのです。

「唯はただこのことひとつという（ふ）。ふたつならぶことをきらう（ふ）ことばなり」唯はただ一つという解釈は中国の漢字辞典（『康熙字典』）にはありません。あるのは専という意味だけです。そこで専をみると、もっぱらとあって、それは一という意味になり、そこで唯はただ一つと親鸞聖人は解釈なさいました。この『唯信鈔文意』の後の方でも専の字の釈があって、そこでは、「専というは一心なれとなり。一行一心をもっぱらなれとなり。専は一ということばなり。もっぱらというはふたごころなかれとなり。ともかくも移る心なき、専というなり」とおっしゃっているのですから、ここでも唯は専であり、それは一つとされたのです。

「このことひとつ」の、このこととは後の文から信であることは明らかです。そして「ふたつならぶことをきらう」とも同時に釈されています。ふたつをきらうと踏み込んだところは、選ぶということは、究極は大事なものを一つ選ぶのです。ふたつならぶということは若存若亡といって、信じたり疑ったりすることを二心と言います。そこを一つとし、次の信の字と合わせて唯信とし、ただ一つのものとされ、それを信じるとされています。二心をきらうとされたことで、唯は一心ということがよりはっきりします。唯はただ一つであり、宗意の一心に専らにという相(すがた)を現し、それは一向一心につながります。このことは、師の法然上人も専修念仏とおっしゃり、それは「余仏菩薩に思いをかけず、余行余善に心を乱さず」でした。つまり二心でなく一心にでした。

さらに説明すれば、『大経』の上巻では十八願に、至心、信楽、欲生と三心あったのが、下巻の本願成就文では信心歓喜と一心になっています。天親菩薩は世尊我一心となさっています。それは如来の本願一つを信ずる心が、即ち弥陀をたのみたる心であり、信ずる心の外にたのむこころなしという事です。信ずるなりは頼りなり、逆に頼りなりは信ずるなりとその体(姿)一つです。だから一心です。ただ一心に弥陀をたのみ奉る心一つ、が宗意です。

「また唯はひとりということころなり」と、唯の解釈が続きます。『康熙字典』には「唯は独りなり」とあります。先の解釈では唯は一つ、ここではひとり。この違いは一つとは二心なく信ずる信心のことで、ひとりとは外に伴うものがないということです。

話はモノがあるということではなく人間の信心の話です。普通、人間はひとりでは居りません。何らかの集団の存在です。だからこのひとりとは、信心の場においてのひとりということを意味しています。それは『大経』下巻にでてくる「人在世間。愛欲之中。独生独死。独去独来。」の存在ですということを示すのです。

さらにひとりとは伴うものなしということです。ひとりの人間の信心に伴うものもなし。ひとつ、ひとりに信をつけると、唯信であり、それは真実報土の正因はただ信心ひとつとなります。ほかに伴うものはない。修行などはいらぬということです。

「信心定まるとき往生定まる」と仰せられ、不思議の仏智を信ずる信心一つが報土の因であるということです。これは大切な宗意です。このことをもう少し見ておきますと、『正信偈』では「正定之因唯信心」の唯です。信心定まるとき往生定まる。信の一念に往生が定まるということです（２０６頁）。

『大経』で三信十念が、成就文の所では、聞其名号信心歓喜と一念になります。真実報土へ往生するには信心一つです（４０１頁）。

往生の正因は信心ということを、さらに七祖をたどってみます。

龍樹菩薩は『十住毘婆沙論易行品』で「もし人善根の種、疑えばすなわち花開かず。信心清浄は花開き即ち仏を見る」とあり、疑わないことは信じるです（１７頁）。

天親菩薩は『浄土論』で三心を縮めて、世尊我一心、帰命尽十方、無碍光如来、願生安樂国といわれ一心にまとめられました（２９頁）。

曇鸞大師は『無量寿経優婆提舎願生偈註』、略して『論註』に「易行道とはいわくただ仏の因縁を以て浄土に生ぜんと願ずれば仏願力に乗じて、すなわち彼の清浄の土に往生を得る」（４７頁）。

道綽禅師は『安楽集』で、三不三信を慇懃に教えられ、如実修行の信心を浄土の因とすとされます。

善導大師は、多くの著作がありますが、その中『観経疏』などで、往生の正因三心、三心は七深信六決定。説明は略しますが、深信ということです。文字通り深く信じるということです（４５７頁）。

源信僧都（横川）専修のものは執心堅固にして皆往生、雑修のものは千中無一と嫌わる。専修ということです。

源空上人（黒谷）涅槃の城は信をもって能入となす。念仏往生とお勧めなれど、往生の因はただ信心、とされています。

以上、真実報土の正因においては、外に伴うものなし。ただ信心一つが正因だから唯はひとりです。七高祖は、みな疑わず信じる、といっています。唯信です。伴うものはいらない。ただこの信心一つ、ひとりという釈になります。

すると疑問がでてきます。『正信偈』にある「正定之因唯信心」で信は往生の正因とされ、「本願名号正定業」で念仏行は往生の正業と宗意では言うが、ここでは信心ひとりで、外に伴うものなしとする。では念仏とはなにか、正定業といわれる念仏は行にならないのでしょうか。行も必要ではないですか。「念仏成仏是真宗」と言いますがいかがですか。

往生の正因は唯信心だけれど、無行ではないのです。信の一念に即座に行が具足して往生が定まります。ここを信不離行、行不離信といい、唯信にして無行ではないのです。信行不離とは、十七願は所信の行、十八願は能信の信といわれ、行ははたらきかけられる客体、能ははたらきかける主体の能と所の二相が離れない関係があって、これをまとめて行信能所機法一体とされているのが宗義です。それは十七願成就の南無阿弥陀仏の大行を深く信ずるところの十八願の信心です。疑いなく信ずるその体（もの）は南無阿弥陀仏で、信心も南無阿弥陀仏の外にあるのではありません。所信と能信と離れているが、体はひとつであり、信の一念に、真実行は具しています。「信巻」に真実信心必具名号とありますから、真実信心を得れば、感謝の気持ちが生じて念仏として出る。名号は自ずから称えらるるなりとされています。

けれどこれは信の一念には同時に名号を称える必要があると思うのは大いなる誤りで、名号が称えられる、その称え心は仏恩報謝です。称え心は仏恩報謝という、信心を得れば、感謝の気持ちが生じ、信心と一つである念仏は必ず具わります。だから唯信にして無行ではないのですが信が先行します。

信心と念仏の間で間違えるのが、南無と称えるのが信心、それを弥陀が即是其行と、それ！と助けてくださるので、行者には行はない。弥陀が助け給うのが行であるというのは頼慕信慕といい、間違いです。

また、信じる一念に同時に一声称えて往生が定まるというのも間違いです。信行併起といいます。これらは行を募り、称名を募るという間違いです。

信の一念ははや信行を獲得する時刻の極速とおおせられ、口に出すの、称えるのという間のあることではなく、名号を聞き開く信の一念に往生が定まるのです。その一念に信も行も獲得するのであり、唯信無行の往生ではないのです（ここが分かりにくいところですが）。信の一念には、はや行が具足するのです。例えば、おいしいと信じて、リンゴをがぶりと噛み、これはうまいが念仏です。うまいといってかじるとリンゴがうまくなるのではないのです。

仏教的、真宗的に申せば曠劫の世々生々の命の流れ、その中で今自分は命を得て長らえて、自分ですべてを成したがごとく偉そうに動いていますが、実にその世々生々のご恩、おかげであることを知り、それを知り受けた時、有り難いことだと思うでしょう。それはご恩を知ることで、同時に報謝の気持ちを抱きます。その気持ちがお念仏です。

例えば映画を見ると終わりにクレジットといって、長々と関係者の名前が出てきます。何人かの有名な俳優さんの外は、全く知らない方たちや団体名などがたくさん出てきます。大概の方は無視して、席を立ち始めます。しかし、あの映画という一つの物語を作り上げるには、あれだけの方々が携わったのです。おそらくはそのすべてを示しえていないと思います。今のあなたという物語（映画）を作り上げるにはいかほどの方々のご協力、ご尽力、かげひなたないお力添えがあったことでしょう。そんなことをお考えくださると、有り難いことだという言葉が自然と出てくるのではないでしょうか。

「信はうたがひなきこころなり、すなはちこれ真実の信心なり」とは信には二義あります。

まこと（事実）とそれを疑いがないと信ずることです。それは疑いがない真実と、疑わない真実（受け入れる）、ということの違いです。

仏教の「如是我聞」は単に聞きましたではなく、納得し受け入れることが大切です。『大智度論』の「仏法大海以信為能入」は疑わずに受け入れる（信じる）という意味合いです。例えると儒教に仁義礼智信という言葉があります。これは真実の在り方で、友には信を以て付き合えということです。『論語』には「友あり遠方より来るまた楽しからずや」というのがあります。これは友をすっかり受け入れています。信心とはこのように受け入れるということです。仏教では体と用（ゆう）という言い方をします。形・姿（体）と作用（はたらき）、ものと働きと解釈されています。この信の字に二つの意味が混じって、それが混乱、意味の取り違いを生じています。

「不思議の所にては信を生じざるなり」というときの信は、受け入れの信を意味します。信のふたつの意味のうち「受け入れる信をうたがひなき心」と示されます。助かる縁のないものを助け給うのが仏智の不思議（凡夫には解せないけど真実です）、その仏智の不思議を疑いなく障りなく生じさせますと仏は誓っています。それを仏自身が信じています。そのことを「信は疑いのない心として、すなわちこれ真実の信心なり」と仰せられています。すなわちとはイコールですから、疑いのない心と真実の信心は同じ意味です。

真実の信心という言葉は、『往生礼賛』から引いてこられたようです。うそ、いつわりのない、仏様の信心に真実という語を乗せられました。それは如来他力のお心であり、真実の信心です。真実の信心と、真実が付くのは仏様に付くのであって、我々には付かないのです。如来他力のお心はうそいつわりのない真実心です。

うそいつわりのない真実の信心とは、如来の真実信心であって凡夫の胸の内に得た信心のことではありません。だから、如来の真実信心が行者の真実信心になる、行者を真実心にしていくと考えるのは、間違いになります。行者は真実心にはなり得ないのです。

向こうからこちらにそっくりいただくのを賜るといいます。他力回向の在り方は、如来より賜った信心ということ、如来の真実心は如来の側にあり、凡夫行者はいただくだけです。凡夫の胸中には本来ないものですから、仏様からそっくりいただくのが賜るということです。他力の信心は如来の衆生を助けんというお心の現れだから、如来のことであり、如来にはあるが、行者が自分で持つことは出来ません。このように他力より回向される真実の信心（真実心）とは、真宗の宗義です。

行者はただ如来の真実信心を疑わず真実として受け入れるのみです。世々生々に仏智の不思議という真実が存在する、そして如来はそれを我々に振り向けてくださるのに、その真実も行為も疑って、受け入れないのが凡夫、その凡夫が仏智の不思議を無疑無慮の真実として受け入れるのが、『唯信鈔』の「信」の字の意味です。

如来の真実の信心を行者へお譲りくだされた、それゆえに行者の悪き自力の心が、如来の他力の善きお心と重なった。それで仏智不思議、誓願不思議を疑わず、危ぶまず、信ずるようになった。それは凡夫の自力の信ではなく他力より賜わりたる真実の信心がなしていることです。如来の真実信心をもらい受け、その真実の心と重なったからこそ、その如来の真実の不思議の仏智に身を預けるようになる、これが真宗の信心です。パンにチーズを乗せて焼けば両者の持ち味が出るのと同じです。

他力というと、何か援助をいただくというふうに思うのですが、そうではありません。仏心になって仏心を見ることが出来るということです。仏の心で仏を見るのであって、私（自分）の心で見るのではありません。それはいただいたからそうなのであって、私（自分）は絶対に仏ではない、貪瞋痴煩悩の存在です。私を出して悟ったとか分かったとかいうのは間違いですし、意味のないことです。その心になるのは如来の心を回向されているからです。チーズは焼いてもパンにはなりません。その逆、パンもチーズにはなりません。

「虚仮を離れたるこころなり。虚はむなしといふ（う）仮はかりなるといふことなり。虚は実ならぬをいふ、仮は真ならぬをいふなり」とは、「虚はむなしと」の、むなしは空っぽ、何もなく空っぽということ。「仮はかりなると」は本物でない、かりそめの、ということです。「虚は実ならぬをいふ、仮は真ならぬをいふ」、「虚」は実でないとされ、両方で空っぽで実がないということです。

真実の信心というのは虚仮を離れたるこころのことです。前の所で凡夫の虚仮不実の心を思い固めた信心ではなく、如来の清浄真実のお心としました。

虚仮は真実の裏側（反対側）の言葉であって、その虚仮を離るとは、反対側の虚仮でないもの、つまり真実、本当を示しているのです。如来の真実信心を示しています。それは凡夫の自力で成す所はすべて虚仮の行で、外には賢善精進の相を現わずれども、内には虚仮を懐いているのが凡夫で、愚でなく賢人のふりをし、悪人のくせに善人のふりをし、怠け者のくせに精進のふりをする、利が乗らなければうごかない、手前勝手な思考、行動をするのが凡夫です。仏から見ればすべて虚仮の姿です。その凡夫の虚仮不実のこころで思い固めた信心は、虚仮を離れた真実の信心とは違います。如来の清浄真実のお心を、真実の信心というのです。如来他力のお心は虚仮偽りのない真実であり、他力回向の信心は真実心であります。

虚仮が持ち出されるのは、その虚仮のものに如来は真実の信心を回向してくださっている、回し向けてくださっている、ということを示そうとするのです。如来より回向されている信心は真実の信心です。すると本願、それは助かる縁のないものすべてを助けるというお心であり、その本願を受け入れるとは、助かる縁のないものが如来の回向するお心に支配される、その本願にうちもたれる、よりかかることになります。このことを親鸞聖人は『教行信証』で、大悲の弘誓をたのむ在り方とされています。自力を離れる姿です。自力を離れて本願に帰すと順に書かれ、言いますが、自力を離れるということと本願に帰すとは同様のことです。注釈の締めとして「本願他力をたのみて自力をはなれたる、これを唯信といふ」とされました。

本願他力とは、本願は阿弥陀様の本願、それはすべてのものを救うという誓願であり、それによって生じているお力を如来の本願力というのです。だから本願とは自分の願ではなく如来の本願であり、それはすべてのものを救うという力がこもっています。他力というは如来の本願力です。合わせて短く「本願他力」といいます。親鸞聖人も他力本願の例は少ないです。文字の並びを逆にして「他力本願」と用いると誤解されますので使わない方がいいです。大乗仏教の経典になじんでいる方にとっては自力は自分のことであって、他は仏様、いろいろな仏様のことと分かっているはずです。その素養のない方は他を人と考えて、他人の力と理解します。確かに世の中には他人の力を当てにしている方もおりますので、誤解されないように本願他力とか、如来他力を使いたいと考えます。

本願力をたのみての、たのむとは、いまは「たのむ」と仮名で書きます。そこで他力の意味を添えるために、たのみにしてたのむのであると分かりにくい表現をしてしまうのですが、不思議の仏智をたのむのは本願他力をたのむこと、そのたのむのは自力を離れることを意味しています。たのむに頼の字を充てますが、『漢和辞典』を調べますと恃、憑、託、拓、怙などがあります、親鸞聖人も一か所、憑をお使いです（269頁）。いわば人、人間の気持ちにかかわりなく働く仏、菩薩、神様、妖怪の動きを示す文字です。ほかの文字はすべて人間が自ら依頼する意味です。今は、私から（自分から）依頼しない、お願いしない「たのむ」ですから、憑の字が正確だと思います。『語感の辞典』にはたのむ（頼む）を「自分がやることを他の人にやってもらうように要求する」と、現代の用語の感覚が書かれています。現代人に真宗が考えている「たのむ」を理解していただくのには「頼む」という文字は使えないのです。『選択集』にも、「念仏に憑みあり」「憑むべし」（1281頁）の字が使われています。ただしこの文字に後世のイメージ、憑依という言葉で、とりついてたたるようなイメージもありますので、あえて仮名にして「たのむ」と使います。頼の字を用いないのは、頼という文字によって次のような宗義の誤解が生まれてくるからです。

たのんで念仏するには二つの誤解があります。名号が持つ善本功徳、つまりは罪を消し、功徳を積む力を持つという部分を恃んで、念仏を重視するのは名号頼みといいます。二つ目は我が身を恃んでいる。身口意の三業の乱れ心をつくろって、つくろうとは修行的なことを行うこと、心身がきれいでなければならないと身を謹んで、往生を願い念仏する恃みです。これらはみな自力を恃みにしている。たのむという思いになにか行為を重ねたり、伴なわせたりすると自力になってしまいます。真宗の「たのむ」は如来のすべてを救うという本願をたのみにするのです。「本願力をたのみ（憑み）」とすることでしょう。

まとめてみますと、もっぱら（専ら）から一つである、ひとりでともなうものなしの唯に始まり、信の字で疑う心なき、仮の心、うそいつわりを離れた仏様の真実の心を信といい、その真実信心を以て報土の正因とされ、真実信心を受け入れる在り方は、本願他力を憑むのですが、そこをかなで「たのみ」て（信頼して）自力を離れること、それが唯信といいます。

「鈔はすぐれたることをぬきいだしあつむることばなり。このゆえに唯信鈔といふなり」、とは、あつむるは、集める、題号の意味に添って優れたるところを抜き出して集めていますということばです。信心の要義に沿ってたくさんある、わけてすぐれているものを抜き出して集めて述べたものということです。自力を離れて本願他力をたのむ話が集められているということです。だから『唯信鈔』いうのです。

「『唯信鈔』というなり」と書いて、親鸞聖人は唯信の念を押したかったようです。また唯信の説明に戻ってみます。本願他力の信心とは如来の信心でした。その如来の信心の外に、余のことは習っていません。そういうお教え以外のことは、法然上人から習っていません。

昔は濁点を書きませんでしたから、これを並ばずでないかという意見もあります。ならはずはならばずになるのですが、並ぶということは並行したものの存在が予想されます。ほかの存在を認めるのですが、そういう両者を比較をしようという上に立つような話ではなく、今は尊敬する一番兄弟子の本を注釈しているのですから、習わずがいいでしょう。『尊号真像銘文』という著書では「本願のようは」『唯信鈔』によくよく見えたり、「唯信と申すはすなわち、この真実信楽をひとすじにとるこころを申すなり」（644頁）とされています。

「すなはち本弘誓願なるゆえなればなり」とは、本弘誓願という言葉は、親鸞聖人は何度か使っておいでになります。その言葉の始まりは善導大師の『往生礼讃偈』のようです。熟語になっているのですが、要は阿弥陀如来の本願を広く誓われたものでもあり、成就しているものです。つまり力を持っているということです。言葉というものは単純化するでしょう。最近の言葉で言えば、トリセツって何だと思いました。取扱説明書をいうのだそうです。この言葉は略して短くした言葉程度に考えた方がいいでしょう。和讃には「弥陀の本弘誓願を増上縁となづけたり」（５９０頁）というのがあります。短く表現するための言葉ではないですか。増上縁とは引き揚げてくださる、摂取してくださるご縁ということです。それは広く誓われた本願の具体的な現れの中身です。

(二) 仏道ならんみち

(イ) 仏道ならんみち　（『唯信鈔』）

それ生死をはなれ仏道をならんと、おもはんに、二つのみちあるべし。一つには聖道門、二つには浄土門なり。

生死を離れて、仏道を完成（ならん）しようと思うと二つの道があります。一つは聖道門、二つ目は浄土門です。

苦の究極としての生老病死をまぬがれる（こえる）ことは生死をはなれることと表現されますが、仏道の最終的な目的です。

仏教の歴史をさかのぼれば、大乗小乗という区分があります。さらにさかのぼれば部派仏教、あるいは原始仏教と呼ばれる時代もあります。よく出発点に戻ってとか、原点に戻ってという言い方があるのですが、仏教をそこまで戻すと古代インド社会の仏教になるのです。現代的ではないでしょう。地域的、社会的に共通するものがなく、却って意味を見出すことが難しくなります。これは『唯信鈔』の時代ですら現代からずいぶん古い時代になっているのと同じことです。

だから仏教の教えの歴史は、結局教えの趣旨がどう伝えられているか、生かされているか、地域の習慣とどのように折り合っているか、の歴史になります。南伝仏教はスリランカ、タイ、ミャンマーで盛んです。これらは、お釈迦様のおっしゃり、なさった方式で、托鉢しながら仏道を実践するかのごとくして、学んでいるのですが、現代では究極的には仏には成れません。弟子としての最高位の羅漢と呼ばれる地位に成ることとされています。そして一方で中国、日本と伝わった仏教の感覚としては、仏様に会い、その仏の援助がなければ仏には成れないということがあります。さらに、その在り方を、聖道門と、浄土門に分けて考えたのは道綽禅師の『安楽集』です。そこで、厳しく修行を設定する聖道門の考えは、それによって悟りを得て助けてくださる、仏と一緒になる、合体することで、仏に成るという考えです。一方では仏の力の援助をいただくというやさしい方法としての浄土門があるということです。以下の文も『安楽集』から多く引いて述べられています。

聖道門といふは、この娑婆世界にありて、行をたて、功をつみて、今生に、証をとらんとはげむなり。

聖道門というのはこの世の中で修行を行ない、その功績（功徳）を積んで、生きているうちに悟りを得ようと励むことをいいます。

仏教の悟りに至るには教えがあり、それを行じていくと、證があるとされています。娑婆というのは梵語でサハーバといい、堪忍する、耐え忍ぶという意味です。経典の中には忍土と訳されるものもあります。清浄の極楽世界に対して、汚濁に満ちた穢土のことです。この世の中のことです。この世の中で生きている、或いは生きるということは、耐え忍ばねばならないことがたくさんあります。それが嫌だということで穢土というのです。単に汚い、汚れている、争いがあるから嫌だ、ではなくそういう中に自分も生きていることに思い致すことです。

この教行証に親鸞聖人は教行信證と信の字を入れられたのが、注目されることですが、いまここではそのことはふれません。

いはゆる真言をおこなふともがらは、即身に大覚の位にのぼらんとおもひ、法華をつとむるたぐいは、今生に六根の証をえんとねがふなり。まことに教の本意しるべけれども、末法にいたり、濁世におよびぬれば、現身に、さとりをうること、億億の人のなかに、一人もあり

がたし。

真言を学び行じるものは即にこの身のままに悟り（大覚・仏の位）にいたろうと思い、いわゆる即身成仏を願うことです。また天台（法華）を務めるものは、この世で六根を清浄にして、けがれなく清いありさまを得たいと願う。それらのことは確かに仏の教えの真理のことでありましょうが容易なことではありません。

六根とは、眼・耳・鼻・舌・身・意（こころ）、それらがすべてきれいになれば悟りの世界であるというのです。六根清浄という言葉があります。それらは、生死を離れるという仏教の目的のための行為です。

末法の時代になり、この世が乱れ汚れてくるとこの身に悟りを得ることは何十億を越す人々がいますが、一人としてありません。ありがたし、は文字通り有ることが難しいのです。長い仏教の歴史の中でお釈迦様以後に仏に成ったものはいません。『安楽集』には『大集月蔵経』を引いて「わが末法の時のうちに億億の衆生、行を起こし道を修すれども、いまだ一人として得るものあらず」とあります。

これによりて、今の世にこの門をつとむる人は、即身の証においては、みづから退屈のこころをおこして、あるいははるかに、慈尊の下生を期して、五十六億七千万歳の、あかつきの

空をのぞみ、

このようなことで、今の世に、この聖道門を務めているものは、この身が仏に成るという結末について、退屈の心をおこす（出来ないと退いて）しまう。

あるいは、未来の仏、弥勒菩薩がお悟りを得て、この世に現れるという五十六億七千万年の後の夜明けの空を待ち望んで、

（仏に出会うため）弥勒が仏に成ると予言されている、その日を待つと考える方がいました。法然上人の師匠であった皇円阿闍梨はその日まで命長らえるために、龍に変身して、遠州桜ケ池に身を潜めておいでになります。

あるいはとほく後佛の出世をまちて、多生曠劫（こうごう）、流転生死の、夜の雲にまどへり。あるいは、わずかに霊山・補陀落の霊地をねがひ、あるいはふたたび天上・人間の小報をのぞむ。

あるいは、いつか仏に出会えると思って、長い間生まれ変わり死に変わり、輪廻の繰り返しという、黒い雲に覆われた暗い世界（暗黒の世界）にとどまりうろうろする。あるいは、なんとかして霊山浄土や補陀落浄土に行きたいと願い、また六道輪廻のうちの天上界でいいからそこへ生まれなおしたいと思うような手近なのぞみをもつということです。

輪廻という考え方は、インドの人々の思考でしたが、仏教に取り込まれ、仏教の教えになっ

たようです。この命が終われば、何かに生まれ変わる。地獄、餓鬼、畜生、修羅、人、天のどれかに生まれ変わり、そこで生を終わればまたどこかに生まれ変わるという考えです。そして現実に見えるのは生き物が身近ですからそれに生まれ変わるのです。牛馬がよく引き合いにでますが、蝿とか蚊などの虫の場合もあります。だから「生き物を殺すなよ、ご先祖の生まれ変わりかもしれぬ」と言われました。蚊もゴキブリもご先祖になります。一神教の思考では（これは現代の我々もその範疇に入るようですが）人は死ねば天国か地獄に往くと考えるようです。ほかの生物のことは考えません。ほかの生き物については、すべて人間のためか、悪魔のお使いかに分けられています。

また日本の古い思考では死者は魂として山に登って往き、神に成る、その神は盆と正月に帰ってくるという考えでした。

そして昔の仏教の修行者たちは、釈尊が説法をしたという霊鷲山には、今でも釈尊が説法なさっていて、そこは浄土になっているという霊山浄土、南の海上はるかなところに観音菩薩がいて、そこは補陀落浄土という浄土があると考えて、船をこぎだし、海外渡航をくわだてました。その出発点は熊野でした。沖縄にはニライカナイという、海上浄土を指す言葉があります。あるいは天人に成って往く、この、天人に成る例はあまり聞きませんが、考えとしてはあったのでしょう。

結縁まことに、たふとむべけれども、速証すでにむなしきに似たり。ねがふところなほこれ三界のうち、のぞむところまた輪廻の報なり。なにのゆえか、そこばくの行業・慧解をめぐらしてこの小報をのぞまんや。まことにこれ大聖をさることとほきにより、理ふかく、さとりすくなきがいたすところか。

そのお気持ちで努力をなさることはまことに尊いことであるけれども、早くお悟りを得るということでは、むなしいものであるようです。なぜなら、その願っている場所はこの三界の中での話ですし、生死輪廻の報いの枠のなかの話です。

どうして、たくさんの修行や勉学を行って、そんな小さな結果を望むのですか。これはお釈迦様がなくなってから時間が経っている事で、教えが難しく、悟ることが少ないがためでしょう。

道綽禅師の『安楽集』に「聖道の一種は今の時証しがたし。一つには大聖を去る事、遙遠なるによる。二つには理は深く解は微なるによる」とあります。

㋺　往生の方法　（『唯信鈔』）

二つに浄土門といふは、今生の行業を回向して、順次生に浄土に生れて、浄土にして菩薩

の行を具足して仏に成らんと願ずるなり。この門は末代の機にかなへり。まことに、たくみなりとす。ただし、この門にまた二つのすじわかれたり。一つには、諸行往生、二つには、念仏往生なり。

二つ目には浄土門というのは、この世での行いを積み重ねて、それを回し向けることで、この次に浄土に生まれて、浄土で菩薩の修行を身に着けて、仏になろうとするのです。

この考えは、今日の末世の時代のものにかなう方法です。まことにうまく出来ています。「念仏の教えは多く末代の経道滅して後の濁悪の衆生を利す」（『往生要集』895頁）ということでしょう。

この浄土門にはまた二つの方法があります。一つ目は、いろいろの行をする往生です。二つ目は念仏による往生です。

『選択集』三輩段には「念仏、諸行の二門を説くといへども念仏をもって正となし諸行をもって傍となす」（1220頁）とあります。

諸行往生といふは、あるいは父母に孝養し、あるいは師長に奉事し、あるいは五戒・八戒をたもち、あるいは布施・忍辱を行じ、乃至、三密・一乗の行をめぐらして、浄土に往生せんとねがふなり。これみな、往生をとげざるにあらず。

諸行往生というのは、例えば父母の孝養を尽くしたり、あるいは師匠や目上を大切にして仕えたり、五戒・八戒をしっかりと保つ努力をし、布施を行ないあざけりに耐えて、三蜜加持の祈祷の修行をし、一乗の空観に意をこらす行を行うなどして、浄土に往生しようとする。これすべて往生を遂げられないということではありません。

『観経』に「かの国に生ぜんと欲はんものは、まさに三福を修すべし。一つには父母に孝養し、師長に奉事し、慈心にして殺さず、十善業を修す。二つには三帰を受持し、衆戒を具足して、威儀を犯さず。三つには菩提心を発し、深く因果を信じ、大乗を読誦し、行者を勧進する。かくの如き三事をなづけて浄業とす」「汝いま、知れりやいなや。この三種の業は、過去、未来、現在、三世の諸仏の浄業の証因なり」とお釈迦様は韋提希夫人に説いています。

ところが『無量寿経』(『大経』)下巻のはじめに、

「あらゆる衆生、その名号を聞きて信心歓喜せんこと乃至一念せん。至心に回向して、かの国に生まれんと願ずれば、すなはち往生を得、不退転に住せん」とあります。

これは十八願の成就文です(親鸞聖人は、至心に回向しての所を回向したまえりと読み替えられましたが、このお話は、別の機会にいたします)。

この回向は人間側からの回向ですから、念仏を回向するか、何か功徳の回向を意味したのでしょう。回向というのは回し向けることです。差し上げる、提供する、示す、ということです。

『大経』ではそのあとに三輩往生を掲げます。「十方世界の諸天・人民、それ心を至してかの国に生まれんと願ずることあらん。おほよそ三輩あり。それ上輩というは家を捨て欲を捨てて沙門となり、菩提心を発して、一向にもっぱら無量寿仏を念じ奉り、もろもろの功徳を修してかの国に生まれんと願ぜん。これらの衆生いのち終わらん時にのぞみて、無量寿仏は、もろもろの大衆とともにその人の前に現れたまう。

それ中輩というは、無上菩提のこころを起こして、一向にもっぱら無量寿仏を念じ奉るべし。多少の善を修し、斎戒を奉持し、塔像を起立し、沙門に飯食せしめ、天蓋をかけ、燃灯し、散華し、薫香しこれを以て回向してかの国に生れんと願ぜん。その人終りに臨みて、無量寿仏はその身を化現したまう。

それ下輩十方世界の諸天人民心をいたしてかの国に生まれんと欲することありて、無上菩提の心を発して、一向に心を専らにして乃至十念、無量寿仏を念じ奉りてその国に生まれんと願ずべし。もし深き法を聞きて歓喜信楽し、疑惑を生ぜずして、乃至一念、かの仏を念じ奉りて、至誠心を以てその国に生まれんと願善ぜん。この人終りに臨みて、夢のごとくにかの仏を見たてまつりて、往生を得」とあります。いずれも主語は諸天人民ですから、我々人間がいろいろ善行をし、斎戒をし、薫香をして、それを回向して念ずることです。行為で功徳を積むことを勧め、その功徳を回向することです。

この功徳を積むということを日本では最近聞かなくなりました。仏にお供えし、お坊さんに喜捨をすることを「お功徳」と言い、東南アジアの仏教では（タイやラオス、ミャンマー、カンボジアなど）庶民がお坊さんに供養する（食を提供するとか衣を提供する）のは、この功徳を積むためであるとされています。壇蜜さんの『死とエロスの旅』という本を読むとそのようすに触れています。

五戒（殺生・偸盗・邪淫・妄語・飲酒）はよく聞くことばですが、八戒とは、さらに三つ何が入るのでしょう。八斉戒は在家信者の先の五戒に加えて、歌舞音曲に接しない、化粧をしない、高床で寝ない。午後に食事をしない、などいろいわれます。その規定のはっきりしたものはなさそうです。私は歌舞音曲になじんではいけないと祖父に言われました。まだラジオ、テレビが普及する時代では無かったので、金をかけて芸事など派手なことをするなということだったのでしょう。身を慎めということです。

三蜜加持の三は身口意の三つに仏の力を加えていただく行で、密行中の密行といわれ、どうすれば加持されるのかその修行はよく分かりません。分かりやすい加持もあるようで、修行を積んだお坊さんに、お持ちになっている数珠とか棒で（名前があるのでしょうが）頭を触ってもらうのです。

一乗は仏への乗り物が一つだからその教えに乗りなさいという天台の教えです。声聞、縁覚の類は成仏出来ないということを法相宗では言い、はじめから成仏出来るものと出来ないものがあるという三乗思想といわれています。天台ではそれを否定して誰でも仏に成れる一乗だとしました。この件では会津の徳一と最澄の三一論争が有名です。

一切の行はみなこれ浄土の行なるがゆゑに。ただこれはみづからの行をはげみて、往生をねがふがゆゑに、自力の往生となづく。

行業もしおろそかならば、往生とげがたし。かの阿弥陀仏の本願にあらず。摂取の光明の、照らさざるところなり。

これらの修行や行為はみな往生に必要な行で、一切の行はすべて浄土への行です。ただこれらは自らが行い、励むことで、往生を願うのであり、自力の往生といいます。自力の行いですから、この修行がおろそかになると往生を遂げることが難しいのです。そういう自力の修行を積まねばならぬことは、阿弥陀仏の本願ではありません。

四十八願に、そのような功徳、積善の回向を勧める項目がないとは言えないのです。たとえば十七願、十九願、二十願、二十四願、三十六願などです。それらは願であっても本願ではないとされています。

また『観経』に書かれているような観相念仏は、それは行の一つという位置付けでした。阿弥陀仏の本願ではないというのは法然上人の主張です。それは「弥陀如来、余行を以て往生の本願となさず、ただ念仏を以て往生の本願となしたまえる」と、『選択集』本願章に始めに掲げています。そして十八願文を掲げ、善導大師の『観念法門』『往生礼讃』にもそれが引用されていると示し、その理由を五つ述べておいでになります。

総願あっての別願です。その別願は二百一十億の中から選ばれたものです。勝劣を比較すると勝です。難易を比較すると修しやすい。観ではなく称名です。「念仏は易きがゆえに一切に通ず。諸行は難きがゆえに諸機（すべてのもの）に通ぜず。しかれば一切の衆生をして平等に往生せしめんがためには、難を捨て、易をとりて本願とし給えるか」（１２０９頁）と述べています。他にもいろいろ説明がありますが略します。

念仏が、修行の付け足しではなく本願と、中心に据えられたのが浄土宗の始まりです。浄土教から浄土宗への転換です。この『唯信鈔』でもその説明は続きます。

(八) 念仏往生　(『唯信鈔』)

二つに念仏往生といふは、阿弥陀の名号をとなへて往生をねがふなり。これはかの仏の本願に順ずるがゆえに、正定の業となづく。ひとへに弥陀の願力にひかるるがゆえに、他力の往生となづく。

二つに、念仏往生というのは阿弥陀仏の名号を称えて往生を願う、これは阿弥陀仏の本願に従った行いですから正しく定められた行いであるとされます。ひとえに弥陀の願の力に引かれていく、摂取されていくことですから、他力の往生といいます。

弥陀の願力にひっぱられていく念仏が阿弥陀仏の本願であるという点で念仏の価値が高められます。このことを『正信偈』には、「本願名号正定業」とされているのです。念仏は弥陀が願っている、正しい行いということです。正に対して邪がつきます。そういう価値判断はありません。

そもそも、名号をとなふるは、なにのゆえにかの仏の本願にかなふとはいふぞといふに、

そもそも名号を称えるということはどうしてなのか、なぜ本願にかなうといっているのか、なにのための念仏なのか。

本願というのは、菩薩が仏になるときの、衆生を救う誓いを言います。まず菩薩のすべての方に共通する願いです。それがなければ菩薩とは言いません。それは「四弘誓願」です。四つの項目があります。「衆生無辺誓願度、煩悩無尽誓願断、法門無量尽誓願学（智）、仏道無上誓願成」です。文言が宗によって少々違いがありますが趣旨は同じです。この第一番目が重要です。それは仏になる条件として大切なことでした。また大乗仏教の眼目でもあります。そこで「四弘誓願」を総願といい、その上で薬師さんには薬師の願があり、地蔵さんには地蔵の願がありと、仏と呼ばれるためには総願の上に、それぞれの仏さんが持つ願があり、それを別願といいます。この別願は、それを達成しなければ仏に成れないという誓いの願ですから、大切な願であり、本願と呼んでいます。

ちょっと脱線をしますと、仏教を勉強しているけれど本願がありますか、要は何のために仏教を学ぶのですかということです。願もなく仏教を学んでもそれは意味ある行いになりません。厳しく自制するところです。

そのことのおこりは、阿弥陀如来いまだ仏に成りたまはざりしむかし、法蔵比丘と申しき。そのときに仏ましましき。世自在王仏と申しき。

その事の起こりは阿弥陀如来がまだ仏様になっていないときの昔のことです。その時仏様がいました。世自在王仏といいました。

法蔵が、まだ仏になっていませんから比丘、修行者、僧です。ここはしばらく、『無量寿経』

（『大経』）に書かれていることが語られます。よく聞いている話だと思いますが、『唯信鈔』に従いみてまいります。仏教を勉強したいと考える部分においてはあなたも法蔵比丘と同じ立場にありますと受け止めながら、拝見していきましょう。

法蔵比丘すでに、菩提心をおこして清浄の国土をしめて衆生を利益せんとおぼして、仏のみもとへまいりて申したまはく、「われすでに、菩提心をおこして清浄の仏国をまうけんとおもう。願わくは仏、わがためにひろく仏国を荘厳する無量の妙行ををしへたまえ」と。

法蔵比丘はすでに菩提心を起こして、清い国土を造って、そこへ衆生を救っていきたいと考えて、世自在王の所にいき、私は菩提心を起こして、清浄の国を造ろうと思うので、この清浄の国を飾る一番いい方法を教えてくださいと言ったのです。

法蔵比丘は菩提心を起こした。私どもも仏に成りたいと思っています。それは菩提心があるということでしょう。

法然上人の『選択集』を読んで、素晴らしい本だけどこりゃ駄目だと批判したのが、栂ノ尾の高山寺にいた明恵上人という方でした。何がいけないのかというと、菩提心がないと批判しました。これに対して答えるため、親鸞聖人は『教行信證』を書かれたという見解もありますが、そういう論争のための書とは考えません。いまそのことにはふれませんが、批判に答えておいでになるような部分もあります。

普通には菩提心は仏に成りたい心といわれています。だから私どもも、浄土に行って仏に成りたいと思っているではないかと、明恵上人に反論したくなります。でも、菩提心をよくよく考えてみると、仏に成りたいというその裏に何があるのでしょう。単に仏に成りたいのでは駄目なのですね。曇鸞大師はその著『論註』で、楽を受けると聞いて、楽のために生（往生）を願うのでは往生出来ない、とされています。つまり本願がないのです。本願があって初めて仏に成りたい意味が出てくるのです。今そんな風に思い至って、明恵上人の『選択集』を批判した書、『摧邪輪』を読んでみようと思い、まずは明恵上人の伝を拝見いたしました。明恵上人の持仏は弥勒菩薩です。弥勒菩薩はその経典『弥勒菩薩所問本願経』によれば、五十六億七千万年後に仏に成られるとあり、そのため、弥勒は本願を建てられている。菩薩と呼ばれているから、先ほど見た総願は当然お持ちになっていて、そのうえで弥勒の本願を建てられている。それによれば、「国中の人民の垢・瑕・穢をなくして淫、怒、痴は大ならず、慇懃（ていねい）に十善を奉行せしめん」それが出来ないなら仏に成らない、とあります。十善とは身に不殺生、不邪淫、口に不妄語、不両舌、不綺語、意に不貪欲、不瞋恚、正見を持つこととなっています。その言葉を受けて、人々も努力して、垢（あか、汚れ）・瑕（傷、間違い）・穢（汚い、間違い）を除くようにして、十善を行なうようにという、信者の行動の目標（めど）が出てきます。それに向かって明恵上人は、自身を規律付け、また人々にもそれを教え諭したといわれています。人の「あるべきようは」を生涯追及されたと伝記は伝えています。

阿弥陀仏の十八願の念仏には、念仏せよとは受け取れるのですが「あるべきようは」という点では明確な、規律付けは見られません。おそらくそのあたりが、批判点ではないかと思われます。『摧邪輪』では『選択集』に菩提心を余行とか諸行といっているところがありますが、仏道の根本である菩提心をないがしろにしている、と批判しています。明恵上人は「仏の智によって仏道に向かう心を起こすものである。その心を菩提心と云う」とされてます。

そのときに世自在王仏、二百一十億の諸仏の浄土の人天の善悪、国土の麁妙（そみょう）をことごとくこれを説き、ことごとく、これを現じたまひき。

法蔵比丘これをききき、これをみて、悪をえらびて善をとり、粗をすてて妙をねがふ。

そのとき世自在王仏は二百一十億のたくさんの仏たちの浄土とその人々や、そのありさまの善し悪しや、その浄土の欠陥やすばらしいところの様子を、すべて説明し、すべてこれを見せてくださいました。そこで法蔵比丘は、これらを見聞きして、悪いものを選び捨て、良いものを残し、欠陥のあるものを捨てて、すばらしいものを選びます。

「浄土の因果は、みな菩提心を体とするところである」と言われ、もともと浄土には悪も麁もないのに、こういう言い方で、諸仏のお浄土をけなしている。こういうところが、『選択集』の悪いところだと『摧邪輪』は批判しています（『摧邪輪』日本思想体系『鎌倉旧佛教』岩波書店刊）。挙げた以外にも多数批判されていますが、本論からはずれますので止めておきます。

たとへば、三悪道ある国土をば、これをえらびてとらず。三悪道なき世界をば、これをねがひてすなはちとる。自余の願もこれになずらへてこころうべし。このゆえに、二百一十億の、諸仏の浄土のなかより、すぐれたることをえらびとりて極楽世界を、建立したまへり。

例えば三悪道のある国の様子をえらばず、三悪道のなき世界を願ってこれを採用します。その他のことも、これにならって考えてください。このゆえに二百一十億の諸仏の世界からすぐれたものばかりを選び取って、極楽浄土を創りました。

三悪道、三悪趣とも言います。地獄、餓鬼、畜生をいいます。

だから弥陀の極楽浄土には、その三種類は存在しないということになっています。『阿弥陀経』では、「白鵠孔雀鸚鵡舎利迦陵頻伽共命之鳥がいて、教えを説いている」と書かれていますが、そのあとに、それらの鳥は鳥ではなく阿弥陀仏が変化しているのですと説明されています。

たとへば柳の枝に桜のはなを咲かせ、二見の浦に清見が関をならべたらんがごとし。これ

をえらぶこと一期の案にあらず、五劫のあひだ思惟したまへり。

それは、例えば柳の枝に桜を咲かせるような、二見が浦に清美が関を重ねるようなことでした。四十八願の別願を選ぶにあたっては一時の思い付きではありません。五劫の間考えた末でした。

極楽の様子を随分変わった方法で説明しています。柳の木に桜が咲く、うーんきれいかなあ。二見が浦は静かな海と太陽の組み合わせで、清見が関は静岡のちょっと先、興津あたりに関がありました。富士の絶景と手前の海が見える所です。二見が浦と合わせるイメージのしにくい話ですが、二見が浦の綱の間から富士と太陽が見えるかな。両方ともいいところ、きれいなところということで有名です。いいとこ取りです。

かくのごとく、微妙厳浄の国土をまうけんと願じて、かさねて思惟したまはく、国土をまうくることは、衆生をみちびかんがためなり。国土妙なりといふとも、衆生生まれがたくは、大悲大願の意趣にたがいなんとす。

このような微妙な、おごそかできれいな国、浄土を設けたいと願って考えました。そういう国土を設けようとするのは、そこへ衆生を導いて安楽にすごさせようとするのであって、国土が立派であるとしても、衆生が生まれ出てくることが難しいようでは、せっかくの衆生を安楽にするという総願の願いは果たせません。

先ほどの「四弘誓願」の一番目のことですが、仏の目的は、仏に成ることではなく、仏に成って衆生を救うことがなければなりません。私どもがお浄土に生まれたいのは生まれることが目的なのではなく、そこで仏に出会って、仏にしていただいて、仏に成って衆生を救済する、そのことに重点がなければ、浄土に往って仏に成っていく意味はないのです。

これによりて、往生極楽の別因を定めんとするに、一切に行みなたやすからず。孝養父母をとらんとすれば、不孝の者は生るべからず。読誦大乗をもちいんとすれば、文句をしらざるものはのぞみがたし。布施・持戒を因と定めんとすれば、慳貪（けんどん）・破戒のともがらはもれなんとす。忍辱（にんにく）・精進を業とせんとすれば、瞋恚（しんに）・懈怠（けだい）のたぐいは、すてられぬべし。余の一切の行は、みなまたかくのごとし。

こういうことで、往生極楽の因を定めようとされたが、すべての行はみな容易でないことに気付きました。父母の孝養を条件とすれば、不孝の者は生まれてくることが出来ません。お経を読むなどの簡単な行いでも、文言を知らないものは浄土に望めません。布施する事や戒を保つことなどを条件にすれば、けちなものや破戒の者は漏れてしまいます。苦難を耐え忍んで修行をするものを選べば、怒るものや怠け者はすてられてしまいます。ほかの一切の行いについてもそれを条件にすれば、みな同じことが生じます。

㈡　三字の名号、十七願のおこり

これによりて一切の善悪の凡夫ひとしく生まれ、ともにねがはしめんがために、ただ阿弥陀の三字の名号をとなへんを往生極楽の別因とせんと、五劫のあひだふかくこのことを思惟しおはりて、まず第十七に、諸仏にわが名字を称揚せられんといふ願をおこしたまへり。

（『唯信鈔』）

これらのことを考えると、一切の善悪を抱える凡夫が、ひとしく生まれ、皆が望むよう仏に成るために、ただ阿弥陀の三字の名号を称えるものを、往生極楽の因としようと、五劫（ごう）の間、深く深くこのことをお考えになって、そして、まず第十七番の願に、十方浄土のあらゆる仏たちが、私の名を称えて、ほめたたえてくれるようにという願を起こしました。

五劫の間考えて、四十八願を立てられたのです。劫という数字がとてつもなく永い年月であることは、ご存じと思います。ある場合には永遠の時間といってもいいのですが、それでは話が成り立っていきませんので、一応五劫と区切られました。われわれがそれを受け止めるときは、法蔵菩薩の五劫の思惟時間のうちにいるのであるぐらいに受け止めてください。いまのわれわれ（私）を阿弥陀如来は見ているのです。

四十八願というと私たちは浄土教の根本であるとされている十八願を一番に思いますが、ここで十七願が出てくることに注目したいものです。十七願は「たといわれ仏を得たらんに、十方世界の無量の諸仏、ことごとく咨嗟（ししゃ）して、わが名を称せずば、正覚を取らじ」とあります。咨嗟とは嘆く、ためいきをつくという意味ですが、悪い意味ではなく、褒め称える、すばらしいとためいきをつくのです。『阿弥陀経』では東南西北上下の「六方段」が述べられています。そこにはたくさんの仏の名前が出てきて、さらに恒河沙数諸仏とガンジス川の砂の数ほどの仏がおいでになって、それら仏様たちすべてが、阿弥陀仏の偉い行いをとてもおよばないことだと、ためいきをついて褒め称えていると書かれています。阿弥陀仏は皆に褒められているということですが、私どもは十八、十九、二十の願の話はよく聞きますが、十七願の話はほとんど耳にしません。

なぜ聖覚法印はこの十七願を挙げているのでしょうか。聖覚法印の立場は十七、十八の二願の立場にあるといいます。師の法然上人は初めは十八願一丸でしたが、のちに十七を入れた二願の立場もあるようです。

親鸞聖人は五願開示といわれ、十七、十八、十一、十二、十三願といわれます。それらの区分や説明の詳細は別にしますが、ここでの聖覚法印の十七願の話は、決して聖覚法印だけではなく、やはり法然上人からの教えの流れの中にあります。むしろ真宗であまり言わないのが不可解ですが、それは現代の思考の中に十方世界という広がりを失っているからではないかと思われます。本覚思想との関連で避けられているのではないかとも考えられるのです。また神仏習合思想を避けていることも挙げられます。こういった問題については、日時を新たにして考えますが、ここに十七願が出てくることは法然上人門下としては格別のことではないのです。

この願ふかくこれをこころうべし。名号をもって、あまねく衆生をみちびかんとおぼしめすゆえに、かつがつ名号をほめられんと誓いたまへるなり。しからずば、仏の御こころに名誉をねがふべからず。諸仏にほめられて、なにの要かあらん。

この願については深くその思いを心得てほしい。名号をもって、すべての衆生を導かんと思われたが故に、そして名号という簡単な方法をすばらしいと褒め、その名号を称えられる様になることを願って十七願を起こされたのです。だから阿弥陀仏の心のうちは、褒められるという名誉を願っていることではありません。諸仏に褒められても、それは阿弥陀仏にとって何の値打ちがありますでしょうか。

これは十方のあらゆる仏様たちが、声を大にして素晴らしいお教えだと褒めている言葉が聞こえませんか、聞いてくださいという願いなのです。すべての仏様が、念仏して、阿弥陀仏を

褒め称えている、その様子を想像してください。流行っていて、みんな同じことをしている様子です。それは、

如来尊号甚分明　十方世界普流行　但有称名皆得往　観音勢至自来迎　といへる、このこころか。

と言うこころでしょうと、ここで聖覚法印は締められたのです。この偈文の心はすでに聖覚法印は十分に承知して述べてきて、このこころかと締めにおっしゃったのです。

名号を以てあまねく衆生を導こうという阿弥陀仏の誓いは素晴らしいものですよ。その証拠に十七願の文を引かれ、さらにその一押しを法照禅師の『五会法事讃』のこの文を引用して締めになさったということです。

この経文の詳しい解釈は、後の親鸞聖人の『唯信鈔文意』で拝見していきますが、一応意味を述べておきます。

「如来の尊いお名前は甚だ明らかです。十方世界にみちあふれています。ただこの名を称えるだけでみな浄土へ往くのです。観音勢至(せいじ)の菩薩方も、おのずからお迎えくださるのです」

如来の世界、周りの仏のすべてが阿弥陀を称えている仏の世界に住んでいるのだという思い、そういうおこころなのでしょう。

仏教の目的は何ですか。悟りを得ることで、苦悩から脱出することです。その悟りを得てどうするのですか。俺は脱出しましたと、世の中斜めに見て笑い飛ばすことが目的でしょうか。仏様に成ることは人間と同じ在り方ではないものに成るということです。仏に成るのです。仏様は人を救うから仏様に成るのであって、他人を笑い飛ばすような、自分のためにしか動かない方は仏とは言いません。『歎異抄』で悪人正機が出てきました。そういう自分のことしか考えられない存在を悪人というのです。私たちの在り方は悪人としか言えない。仏様だけが、悪人を救えるのです。悪人だけではありません、すべてのものを救うことが出来るのが仏様です。私は悪人です、と親鸞聖人は嘆かれました。

世界を見渡せば、そこには人間の限りない欲望や、執着があって、それはなくすことは難しい、という自覚、覚他の世界があります。その仏教の主張に気付き乗ることは、大切な行動と思います。

(三)　浄土にて待ち迎えます　『五会法事讃』文（その一）

(イ)　如来の尊号　（『唯信鈔文意』）

引用された『五会法事讃』の文の再掲は略しますが、

如来尊号甚分明、このこころは、「如来」と申すは無碍光如来なり。「尊号」と申すは南無阿弥陀仏なり。「尊」はたふとくすぐれたりとなり。「号」は仏に成りたまうてのちの御なを申す、名はいまだ仏に成りたまはぬときの御なを申すなり。

最初の「このこころ」というのは『五会法事讃』の引用のこころであり、同時にこの四句の全体が指し示す心であると考えます。それは、聖覚法印が引用したお心ということであり、さらにその文を大切に考えておいでになる親鸞聖人のお心ということです。『唯信鈔』ではなぜこの文を引いてこられたのか考えなければなりません。全く独立した形でこの引用文句を解釈しては却って意味が分かりにくくなるでしょう。元の『唯信鈔』では十七願の話から法照の『五会法事讃』の文を引用されています。そこを抑えながら見てまいります。

聖覚法印が引用された際の内容の概略をまとめて申しますと、阿弥陀如来は阿弥陀の三字の名号を称えることを往生極楽の因にしようという願を起こし、諸仏にわが名字を称揚されるようにまず願いました。それは、衆生を導くための手だてでありました。十方世界に、わが名が広まり、みんなが称揚するようになると、観音、勢至も現れて、迎えてくださる。そのありさまはこの偈文(げもん)のようなこころであろう、とされました。

親鸞聖人はその偈文を委(くわ)しく説明なさいます。まず、如来について、

「如来と申すは」というのは、如来は梵語でタターガタという語を漢訳されたものです。「真如から来た」という意味になります。悟りから来たということで、仏様の称号であって、薬師如来とか阿閦如来とか釈迦如来などといわれます。

すると私どもや聖覚法印の場合も、つまり浄土教ないし真宗では阿弥陀如来となるのが普通ですが、ここでは親鸞聖人は無碍光如来とされ、尊号が、南無阿弥陀仏としています。それはなぜでしょう。

弥陀如来にはお名前がたくさんあります。そのことの説明も必要ですが、単純に、いろいろな場面で、現われる、お見えになる弥陀如来を、その時々で呼び分けるために、多くの名があるとお考えください。『大経』では十二光仏をいい、それを『正信偈』で無量光、無辺光、無碍光、無対光、光炎王、清浄光、歓喜光、智慧光、不断光、難思光、無称光、超日月光と示しました（103頁）。このほかにも『讃阿弥陀偈』には三十七の名が挙げられています（556頁）。煩雑ですのでそれらを挙げることは略しますが、要は、異名はたくさんあるのです。その中で天親菩薩は『浄土論』（正式名称『無量寿経優婆提舎願生偈』）の冒頭で「尽十方無碍光如来に帰命したてまつる」とおっしゃいます（29頁）。曇鸞大師はその浄土論を注釈した『論註』（これも正式名称は『無量寿経優婆提舎願生偈註』）で「かの如来の名を称するとはいわく無碍光如来のみ名を称するなり」（１０３頁）とされています。
そこでこの天親菩薩と曇鸞大師を尊敬なさっていた親鸞聖人は、如来とは無礙光如来とされたのでしょう。親鸞聖人はこの光で象徴される阿弥陀如来のことを大切にされ、先に挙げた『正信偈』の十二の異名には、みな光が付きます。その中の無碍光如来を挙げられました。この光というのは、スポットライトで一部分を照明する光もありますが、光というものの性質からは、一部分を照らしていても、周りはぼうと明るくなるものです。ここでいう如来の光は、闇を照らすといわれますが、照らすというよりも、光が出てくれば闇がなくなります。光が出てくることで夜が明けてくるように無明煩悩という闇を照らす、闇がとけてくる、開けていくのです。そのような光をお考えになっていて、如来にはそのようなお働きがあるという、お気持ちでしょう。

「尊号と申すは南無阿弥陀仏なり。尊とはたふとくすぐれたりとなり」とあります。「尊」は尊（たっと）く優れているという尊であり、尊には、尊いとか、尊貴とか尊勝とかの用語があり、尊いと優れているとは容易に結びつく意味解釈です。どのように優れているか、どのように尊いか、後に説明しますので、ここはさらりと尊く優れているということとします。ただ容易に結びつくと申しましたが、尊いという意味が、優れていることとは本来、結びつくものではありません。そこを親鸞聖人は、尊いと優れているとを結びつけてお考えになり、「たふとくすぐれたりとなり」とされたのです。

「号は仏に成りたまうてのちの御なを申す、名はいまだ仏に成りたまはぬときの御なを申すなり」と名と号を区分されています。親鸞聖人の『正像末和讃』の末尾に、「名の字は因位の時のなを、名という、号の字は、果位のときのなを、号という」(621頁)とあり、今回も同じ区分で説明なさっています。

しかし、因位(仏様に成る前)と果位(仏様に成った後)で区分があるとされるのですが、『和讃』でみると「巻頭讃」では「弥陀の名号となえつつ　信心まことにうるひとは　憶念の心つねにして　仏恩報ずるおもひあり」ですが、その二首目は「誓願不思議をうたがひて　御名を称する往生は　宮殿のうちに五百歳　むなしくすぐとぞときたまふ」となって(555頁)、両方が混合しています。『阿弥陀経』では、「従是西方、過十万億仏土、有世界、名曰極楽、其土有佛、号阿弥陀」(121頁)といい、また「彼仏寿命、及其人民、無量無辺　阿僧祇劫　故名阿弥陀」(124頁)と混合しています。これをどのように考えましょうか。

『華厳経』には「名号品」という一章があって、それを解説した、賢首という方の『探玄記』には三つの説があると江戸時代の学匠は書かれています。一つ目は、名は諸仏の別名、名号は諸仏の通号という区分がなされています。二つ目は、仏の体を名とす。仏の徳を評して号となすとあります。体はそのものを表し、号はその徳を表す、働きを表すということです。分かりやすく言えば、姿をいうか、中身をいうかです。三つ目は名と号に別なしとされ、区別なしということです。『唯信鈔文意』の注釈では、二つ目の考えで区分されているということです。

これは『唯信鈔』になぜこの『五会法事讃』の偈文が引用されているのかという点に思いをはせてみますと、十七願が成就されているという話でした。十七願の成就とは諸仏が阿弥陀仏の功徳を称えてわが名を称している、という話です。その諸仏が讃嘆する言葉が名号でした。それは弥陀如来の功徳を褒め称える声であり、功徳を表す言葉（表現）としての名であるということで、先の『探玄記』の説でいえば二つ目の意味を持ちます。体と徳を表すということです。そこで阿弥陀仏は十七願を成就しているから、仏に成った後の御なですが同時に働きをも表す名号として、南無阿弥陀仏となります。

『阿弥陀経』では十方諸仏が不可思議の功徳を称賛しているとありますが、南無阿弥陀仏の尊号を諸仏が唱えているという文はありません。しかし『観経』の下上品には「合掌叉手して南無阿弥陀仏と称せしむ」とあり、下下品では「念仏（観念）する暇あらずば、まさに無量寿仏のみなを称すべし」（115頁）とありますので、称する言葉は南無阿弥陀仏です。そこで先ほどの、『和讃』や『阿弥陀経』の名と号の混合は『探玄記』の第三の解釈で、どちらも区別なしということではないでしょうか。仏様になった後の呼び名を号というのも名というのも同じであるということになります。体であり徳を表す言葉であるということです。

ただ、親鸞聖人も言葉にこだわるお方で、獲ると得るでは使い方が違います。これも『正像末和讃』の末尾で、「獲の字は因位のとき、うるを獲といふ。得の字は果位のときにいたりてうることを得といふなり」とされています。慶の喜ぶと喜の喜ぶでも違いがあります（712頁）。それで考えられることは、ここでは「御な」、あるいは「みな」と仮名で書かれています。漢字で「名」と書かれていないことに何か意味があるのかもしれません。今はちょっと調べかねております。

この名号を真宗では大切にして、よく数字の順に九字十字名号と言い慣わされますが、十字九字が本来の順で中央は南無阿弥陀仏です。お仏壇の中央は南無阿弥陀仏、向かって右に帰命尽十方無礙光如来、向かって左が南無不可思議光如来となります。この順は仏様の経、菩薩の論、人師の釈の順です。飛鳥時代から左大臣が上で、右大臣は下でした。天皇から見て左にいるのが左大臣ということです。その考えで、中央の阿弥陀に対して左が十字、右が九字になりました。その後言葉に変化があって、右腕ともなる、という表現が出てきて、右が上のような雰囲気になりました。現代的な感覚では、自分の存在をもとにしますので、仏壇に向かうことになり、右側に論、左に釈です。どっちがどうだったか忘れましたが、お雛様を飾るとき男女の左右が関西と関東で違いがあるそうです。天親菩薩が『浄土論』で、「尽十方無碍光如来に帰命したてまつる」とされ、曇鸞大師は『讃阿弥陀偈』で「不可思議光に南無したてまつる」とされています。論と釈です。

この如来の尊号は、不可称不可説不可思議にましまして、一切衆生をして無上大般涅槃にいたらしめたまふ大慈大悲のちかひの御なり。この仏の御なは、よろずの如来の名号にすぐれたまへり。これすなはち誓願なるがゆえなり。

先ほどの文では尊は尊く、そして優れているとされましたが、たくさんの諸仏も仏ですから、同じように無量の功徳のある存在です。そこで親鸞聖人は、「この」と限定されて、阿弥陀如来に限ってさらに尊号の尊く優れているようすを説明なさいます。

「この（阿弥陀）如来の尊号は、不可称不可説不可思議にましまして」不可称不可説不可思議という、ここでの不可は、禁止する意味での不可ではなく、出来ないという意味です。仏教は仏の指示、あるいは他者からの指示ではなく自らの行動を問題にします。ですからここに出てくる不可は「称えるな」、という他からの命令禁止ではなく「称えることができない」ということです。

　称える、称という文字の意味が、図る、計算するという意味と、称賛するという場合とがあり、両者を混合して、計り知れない、讃えきれない、褒めても褒めきれないということを不可称といいます。

　不可説も同じように、説くことが出来ない、説き尽くせない、ということです。

　不可思議も思議出来ない、考えられないということです。このことを言語道断心行所滅（言葉に出来ないほどのことで、心も行為も動けない）と昔は言いました。今は言語道断というと悪い意味になっていますが、そのことばの本来意味していることは、こころも言葉も絶え果てるばかりという、よい意味でも使われていました。そこで今、この不可称、不可説、不可思議三つの不可は、阿弥陀如来の尊号の働きと、その功徳は言語道断の素晴らしいことと褒め讃えているのです。『華厳経』では数字の桁の数が百二十考えられているそうです。一、十、百、千、万、十万、百万、千万、十億、千億というふうにして百二十桁あるのです。その113番目が不可称、115番目が不可思議、119番目が不可説とされていますが、110番目以後は因位（仏に成る前）では知ることの出来ない数字で、無量、無数で数限りないことを数の桁名で示したものです。

その数限りないことを、別の表現ですが、『浄土論』では「真実功徳大宝海」とか「満足功徳大宝海」と海に例えています。海のイメージとして広いとか深いとかの、無限に近いものがあり、その表現です。ほめてもほめ尽くせないということです。尽くせないということを、すごい数の数字で表現しているのは、すごいということの強調になります。数字でいう以上その限界があると、言われるかもしれませんが、私どもには数えられる範囲を超えている、尽くせないという事です。数で表現しながら数ではないのです。

その不可称、不可説、不可思議な尊号は何が不可なのか、どうしてかそれは「一切衆生をして無上大涅槃に至らしめたまう大慈大悲のちかひのみななり」ということです。

阿弥陀如来の一切衆生、十方世界のあらゆる衆生を弥陀の浄土、真実報土へ往生させて、大涅槃の仏果を得させるという誓いがこもった「御な」だからです。それを少し砕いていえば、阿弥陀如来の名号に不可称、不可説、不可思議の無量というべき功徳が満ち満ちています。それゆえにいかなる悪人でも、誰であろうともこの名号を耳に聞いて心に信じ、口に称えれば、その不可称、不可説、不可思議の名号の功徳が、行者の心のうちに満ち満ちて、行者の功徳になります。それによって、無量億劫の生死の罪を除き、命終われば真実報土に往生して、阿弥陀如来と変わらぬ無上大涅槃の仏果に至るということです。無上大涅槃とはお悟りの世界、仏の世界です。

一切衆生を仏に仕上げるという、大慈大悲の誓いとは四十八願の、どの誓いなのか、もちろんすべてなのですが、真宗はその中心は十八願ということで成り立っています。しかしここでは十七願の話です。親鸞聖人は十七願を大悲の願とされ、この願はそれが達せられなければ仏に成らないという誓いでもあるのです。

『教行信証』の「行巻」の初めに、「往相の（お浄土に往く）回向（如来のご援助）を案ずるに大行あり」「大行とはすなはち無碍光如来の名を称するなり」とあります。そして「しかるに大行は、大悲の願（十七願）より出でたり」とされています。

まとめますと南無阿弥陀仏の念仏は第十七願の大行から出てきたものです。阿弥陀如来は南無阿弥陀仏の名号を成就した。それは大行と呼ばれるもので、まず諸仏に称えさせました。

親鸞聖人は十七願のことを「大悲の願」とおおせられ、今ここに「一切衆生をして無上大涅槃に至らしめたまふ大悲大慈の誓いの御ななり」となさっています。それは、十七願は諸仏が称名する願と名づけられて、諸仏が称名を大切にして称える願であるとしているからです。称名とは尊号を口にします、その尊号には力があります。この力を仏教では功徳といいますが、その万（たくさんの徳）の功徳を示すのに、全体としては不可称、不可説、不可思議なのです。

要するに言い難いとなるのですが、それでは説明になりませんので、説明を加えるために親鸞聖人は『行巻』に元照（十一世紀末の中国の律宗の僧、晩年には浄土教に帰依した）の『弥陀経義疏』、『観経義疏』などを引き（１８０頁）、その他の方々の論書を引いて、弥陀の名号の働きを示されます。この引用は長いので、概略でお話しします。

① 弥陀は名をもって衆生に接したまう。ここをもって耳に聞き、口に誦するに、無辺の聖徳が、識心に乱入す。そして永く仏に成る種となりて速やかに億劫の重罪を除き無上の菩提を獲証する。（元照・『弥陀経義疏』）

② 臨終に諸々の怖畏を離れしめ心身安快にして衆聖現前し、授手接引せらるることを得る。初めて塵労を離れてすなはち不退に至り、長劫を歴ず。すなはち無生を得んと欲はば、まさにこの法等を学すべし。（元照・『観経義疏』）

③ 仏名はこれ劫を積んで薫修しその万徳を取る（にぎる）。（戒度・元照の弟子）

④ いまもしわが心口をもって一仏の嘉号を称念すればすなわち因より果に至るまで無量の功徳具足せざることなし。（用欽・元照の弟子）

⑤ 仏の無量の功徳を念ずるが故に無量の罪を滅することを得る。（同右）

⑥ 念仏三昧の善、これ最上なり。万行の元首なるが故に三昧王という。（飛錫）

⑦それすみやかに生死を離れんと欲はば、二種の勝法のなかに、しばらく聖道門を閣きて、選んで浄土門に入れ。浄土門に入らんと欲へば正雑二行のなかに、しばらくもろもろの雑行をなげうちて、選んで正行に帰すべし。正行を修せんと欲はば正助二業のなかに、なほ助業を傍にして、選んで、正定をもっぱらにすべし。正定の業とはすなはちこれ仏の名を称するなり。称名はかならず生ずることを得る。仏の本願によるがゆえに。（『選択集』）

⑧諸仏はみな徳を名にほどこす。名を称するは徳を称するなり。徳よく罪を滅し福を生ず。名もまたかくのごとし。もし仏名を信ずれば、よく善を生じ悪を滅すること決定して疑いなし。称名往生これ何の惑いかあらんや。（法位）

⑨天親菩薩の『浄土論』では如来のお功徳の心が、海の如くに大きくて広いとされて、真実功徳の大宝海とか功徳の大宝海を満足せしむとあり、それを親鸞聖人は真実功徳と申すは名号なり。大宝海にたとへたまうなり。功徳満ち満ちて欠けることなし。と受けておいでになります。

以上がすべてではありませんが、くどくなりますのでやめておきます。具体的なことはあまり出てきませんでしたね。①とか②や⑤に見られる程度です。阿弥陀如来の願いは無上大涅槃に一切衆生を至らしめんがために、念仏という方法を見出されてお示しになっています。それは、

「この仏の御なはよろづの如来の名号にすぐれたまへり。これすなはち誓願なるがゆえなり」。よろずの如来は、三世十方世界の如来のことで、その無数の諸仏より（仏ですからそれなりにみなさん願いを持ち、救済をなさっている方々です）、優れた手段の名号を用意されているのは、最高の慈悲の誓願がなせる姿であり、その用意された名号を尊号というのです。⑦の法然上人の文の終わりのあたり、親鸞聖人の『正信偈』で、本願名号正定業となさっています。

あまりにも言葉が大きいというか、素晴らしいということを重ね重ね言われて誇大広告のように感じませんか。それがどうした、まったく有り難くもうれしくもないと感じませんか。

初めの方でもいいましたが、だれかよそ事、他人の話と聞いていませんか。この話を自らに、他人の話ではなく自らに受けてください。親鸞聖人もその様に受け止められたのでしょうね。『歎異抄』に唯円との対話がでています。「念仏を申してもちっともうれしくない」という唯円の言葉に親鸞聖人も、「わしもそうじゃ」と受けられました。そしてそのあと、それは自分の煩悩のせいだと気付かれます。「喜べないのは煩悩のせいである」とされました。その煩悩とは何でしょう。

自分は死なない。あるいは今は死なない、と思っている煩悩です。寿命が短かった時代ですら、そう思うわけですから、現代のように世界一の長寿国になった今、自分は死なない、いつか死ぬことは分かっていても今は死なないという感覚は、より大きくなっているのではないでしょうか。そこで今でなくてもいいですから、例えば明日とか明後日と設定して考えてみましょう。明日死ぬのですと設定してごらんなさい。お浄土へ往けますか。行く自信がないですよね。これから勉強して、修行して明日に間に合いますか。何にも出来ないでしょう。断捨離ということばが世間ではやっていますが、それすら出来ませんね。

もう南無阿弥陀仏しかないですね。もしお浄土に往けるのなら南無阿弥陀仏しかない、阿弥陀様に限りませんが、どの仏様も寿命の延長は保証していません。延命の地蔵様とか観音様が祀られていますが、その近所の方は誰も死ぬことがないのでしょうか。そう願ってもあり得ないのです。

自分は今となっては、修行も勉強もしていませんが、と手ぶらでたのみこむしかありません。仏様と同じになる方法があるなら、それしかないですね。そこで真宗の宗義はたのまなくてもいい、そう思ってくれるだけでいいとしていますが、確かに明日という土壇場では、関西弁ですが「すんません」といって念仏するしかないのです。言葉のニュアンスとしては、頭をかきかきしながらおたのみしますという姿です。普通は、たのむとかお願いするときにはちょっと土産をもって行くでしょう。その土産を買う暇もないときは、すみません、お願いしますとただただ頭を下げる、相手が私の言うこと聞いてくれるのを信じる以外にないでしょう。

そこまで分かっているから、阿弥陀様は先回りして、お浄土に往きたいなら、任せなさいとおっしゃっているのです。そしてすみません、ありがとうございますの気持ちを表現するのが、お念仏です。

煩悩はすべての者が持っています、仏様はそのことを承知の上で、だから念仏しなさい、それしかないのだよとおっしゃってくださっている、と受け止めさせていただきたいものです。

「甚分明」といふは、「甚」ははなはだといふ、すぐれたりといふこころなり。「分」はわかつといふ、よろづの衆生ごとにとわかつこころなり。「明」はあきらかなりといふ。十方一切衆生をことごとくたすけみちびきたまふこと、あきらかにわかちすぐれたまへりとなり。

「甚」ははなはだということですが、はなはだとは何かに比較しての「はなはだ」であります。今日では悪い意味に使われるようですが、昔は善い意味で使われることが多いのです。次に「すぐれたり」とありますから、弥陀如来の尊号の功徳がほかの仏に対して、はなはだ優れている、すべての仏たちもみな衆生を助けたいとお考えなのですが、そういう中で容易な、念仏という方法で助けようとされたことが、はなはだ優れているということです。ただ、はなはだには、優れているという意味はありません。「はなはだ」を「優れている」という意味に解釈されているのは親鸞聖人の独自の解釈です。ですからその内容を分明で示されたのです。
それで「分明」とあります。分は「わかつ」、分けるということです。分別ということになります。何をどう分けるのかというと、「万の衆生ごとにわかつこころなり」とあります。これは衆生ごとに分別するというのは、何かのグループごとに分けるような雰囲気ですが、そうではなくて、善人から悪人まで、あるいは声聞、縁覚、人、天などの衆生といわれるものを、一応、話の都合上、いろいろに区分するのですが、そのいずれにも、いかなる機類（性格、能力など）でも、それらをそのままに、よろずの衆生ごとに一人一人を分かつことです。それはグループ分けにしてしまうのではなく、「こころなり」ですから分けているのではなく、分けるようなこころで細かく、分けて観察して、どのようなもの、どのような在り方のものであっても、どのような衆生にも、如来からの助けがとどく様にされているのが「明」で「あきらか」です。一切衆生をよくよく見分けて、悉く導きたまうことが、明らかであるということです。さらに言葉を重ねて、「十方一切の衆生」と大きく広げられていますが、それも一括すればそういういいかたになるのですが、今述べたようにその衆生の機類にそれぞれが応じて、機のものにわか（分）つが、どの機のものも「ことごとく」のがさず、すべてを漏れることなく「たすけみちびきたまふ」ことが「あきらかにわかち」ということであり、そのことが「すぐれたまへり」

とおっしゃっているのです。すべてのものを一人一人に分けて救いの手が伸びてきていますという様子を示されているのです。これは如来の救済が、例えば漁網で一括して掬い上げればたくさんの魚が、一挙に掬い取れますが、そういうやり方ではなく小さな網で、金魚すくいのように一匹ずつを対象にするような方法で、対象を細かく分けて、助け導きたまうことが、明らかでそれがすぐれているということです。お一人おひとりを救い助けてくださるということです。先ほど、無礙光如来の光のことを話しましたが、すべてのものに光は等しく差す、照らす、そのことを別な説明でなされたと考えます。

㋺ 光明は智慧なり

「十方世界普流行」といふは、「普」はあまねく、ひろく、きはなしといふ。「流行」は十方微塵世界にあまねくひろまりて、すすめ行ぜしめたまふなり。しかれば、大小の聖人・善悪の凡夫、みなともに自力の智慧をもっては大涅槃にいたることなければ、無碍光仏の御かたちは、智慧のひかりにてましますゆえに、この仏の智願海にすすめ入れたまふなり。一切諸仏の智慧をあつめたまへる御かたちなり。光明は智慧なりと知るべしとなり。

（『唯信鈔文意』）

「十方世界」に、「普はあまねく、ひろく、きはなし」と三つの釈を重ねられています。「あまねく」

ですみからすみまで、十方世界ですから他仏の刹土（浄土）も広くこの中に含めて、広く際なしということです。際がないとは、範囲がないということですから、どこまでもです。弥陀の名号はいきわたり広がっています。それは十七願に「十方無量の諸仏悉く咨嗟してわが名を称せずば、正覚をとらじ」（十方無量の諸仏が、すべて褒めたたえて、わが名を称えなければ仏には成らない）と誓願なさっておいでになり、それが成就しているありさまを述べられたのです。このことは『阿弥陀経』でも六方段で示されています。東南西北上下と六方の無量の諸仏が阿弥陀仏の不可思議功徳を称賛したまうと述べられています。

その広がっているありさまを「流行」と、流行とは私たち日常にも使う言葉で、はやっているとも言いますが、私たちの世界でのはやりのありさまはすべての人ではありません。せいぜい多いという程度だと思いますが、ここでは十方微塵世界に広まっている、「あまねくひろまりて」とされています。微塵とは『華厳経』では菩薩が多くおいでになるのを微塵数の菩薩としていますが、微塵とは目にも入らない小さいものをいいます。ですからここでの微塵世界ということは、さきほどの十方世界、際もなし（限界がない）ということと重ねると、微塵とは結局、無尽（尽きない）になるでしょう。無尽の、つまりはピンからキリまで、端から端まで（端はないのですが）念仏はそんな広まり方をして、諸仏の皆が褒めて、皆に勧めて行うようになさっている。それを流行していると言い表しています。それが十七願の目的であって、勝手に行っている、ただ単にはやっているのではなく、すべてが行われるように十七願に誓い願われた阿弥陀仏の願いが実現しているということで、皆が念仏をしているのです。それが「すすめ行ぜしめたまふ」ているのです。

「しかれば」は、それで終わるのではなく次に何か続くことを含んでいます。「大小の聖人、善悪の凡夫みなともに」、大乗や小乗の聖人と呼ばれる方々、とはどの方を指すのでしょうか、仏に成るには五十二段階あるといわれます。十地十信十住十行十回向にいるお方は菩薩と呼ばれていますが、この段階にいる方は如来、仏と呼ばれないのですから、大乗の聖者になるのでしょう。小乗の聖者とは、お経に舎利弗とか、目連とか出てきます。仏とは言われていません。小乗の方も修行ではやはり仏には成れないので、その最高の地位を阿羅漢といいますが、そう呼ばれるほどに修行を積んだ方は聖者でしょう。善悪の凡夫とは、煩悩に引きずられている凡夫は、『観経』では九品の種類分けがなされていますが、上品、中品までを善人、下品は悪人でしょうか。ともあれ聖者も凡夫もみなともにと、ご和讃に「願力成就の報土には　自力の心行いたらねば　大小聖人みなながら　如来の弘誓に乗ずなり」とまとめて扱われています。

そしてそれらすべての方々は、「自力の智慧をもっては大涅槃に至ることなければ」と自分の力で大涅槃に、究極のお悟りに至ることは出来ません。自力をもってはお悟りに達しません。この悟りに達しないことは、天台であっても華厳であっても言われていることですが、それをはっきりと聖道門の八万四千の法門はみな弥陀の本願一乗へ引入のための方便、仮門（仮の方法）です。それ故に真の成仏の道は、弥陀の本願ただ一つ（一乗）ばかりとお勧めです。そのことをご和讃を見ますと「聖道権仮の方便に　衆生久しくとどまりて　諸有に流転の身とぞなる　悲願の一乗帰命せよ」とありますように、すべてのものが、弥陀の本願一乗によらなければ大涅槃に、仏の悟りの世界に至らないとされているのです。

それはどうしてか。「無礙光仏の御かたちは、智慧の光にてましますゆえに」とされています。無礙光仏は尽十方無礙光如来のことで、そのおかたち（姿）は尽十方を照らしている智慧の光です。つまり無礙光如来とは如来の智慧とその光明ということです。そして光明と名号は義（本筋）、名（呼び名）の違いで、同じものだから、弥陀のお智慧が光明であり名号です。このことは大切なところです。

すべての方々に阿弥陀仏のお智慧が光となって現れ、照らしてくださっています。照らしてくださっているということは、その光を受けています。光ですから避けられない、避けようのないものです。ここでいう光とは、稲光（いなびかり）のように一瞬に走る光ではなく、太陽の光のようなものと考えられています。避けようのない、夜明けになれば世の中がすべて明るくなるような光です。それが智慧が光となった無礙光如来の智慧のお姿です。私どもはその光を受けています、浴びています。光を受けているということは名号を受けているのです。名号を回向されているといいます。

仏でなくて太陽が照らしているから、目に見えるのでしょうと突っ込まれそうですが、いまは宗教のお話です。自然現象を論じているのではないのです。仏様とそのお働きの話です。目に見える具象の話ではありません。具象ではすべての人に働きかけも救済も出来ないことはお分かりでしょう。太陽は目に見えても太陽光は普通には見えません。しかしその太陽光のおかげでいろいろのものは見えています。

いつも申し上げることですが、他人事ではなく、私（自分）はどうなのかを考えてください。あまねく、ひろく、きわなしに照らしているのが仏様の在り方であって、私たちの側からは、あまねく、広く、きわなくとは、いつでもどこでも照らされているのです。照らされているということを受け止めてください。その心が大切ですし、照らされているということを難しくいえば、その光は如来の智慧ですから、智慧を回向されているということですし、光は名号でしたから、念仏を受けている、念仏を回向されているとか、名号を回向されているのです。

法然上人は、「月影の　至らぬ里は　なけれども　ながむる人の　心にぞ住む」と謳われました。目には見えないけれども、み仏の光を受け止めることが信心です。回向されている念仏をするのが信心です。回向されているのですから、念仏をするのではなく申させていただく、申すということです。

尽十方の光明の体は弥陀のお智慧です。智慧の体は光明です。体と相、姿と働きでした。阿弥陀仏の光は目には見えないのですが、私どもは、すでにその仏の光を浴びています。別の表現で、「智願海」に入っているといいます。「この仏の智願海にすすめいれたまふなり」海のように広い大きなお智慧の光の海にお入りなさい、と勧めて、入れてくださいます。

「智願海」とは無礙光仏の智慧が海のように広く大きいことを例(たと)えられたことばです。智慧海は『東方偈』(『大経』下巻)に出てきて、法蔵菩薩が仏になって(果位)の世界であり、仏になる前(因位)の場合が本願海です。善導大師が両方合わせて、『往生礼讃』で「智願海」とされました。「智願海」とは本願の働きをしている場所ということです。

さて、この仏の「智願海」とは、ここは真宗の大切なところです。それは、十方諸仏が念仏を衆生に勧めて、弥陀の本願を信じさせる、それが弥陀の智慧を衆生に回施したまうところであります。先ほどは光の中にいるといいましたが、今度は名号の中にいる、諸仏の念仏の中にいるのです。念仏は、名号、名号は光、光は智慧ですから、智慧と本願の中にいる、それが「智願海」です。十方世界の諸仏が念仏をしている、その沸き立つというかうねりのような念仏の中にいる、その様子を「智願海」とされたのでしょう。それは、名号を我々衆生に、回施くださっているのです。回向されているということです。

先ほどの光と同じように、諸仏の念仏の音とか声を私は聞いているのです。聞こえているのです。音とか声というと光より具体的になりますので、なおさら聞こえませんといいたくなりますが、そこいらじゅうで念仏の声が沸いているのです。それは念仏を回向されているのです。

梅雨時になりますと、田んぼで田植えがなされ、そこではげーこげーこと一日中カエルが鳴いています。夏場、御所に行くとセミがじーじー切れ目なく鳴いて初めて聞く人はやかましいなと思われるでしょう。十方諸仏が褒め称えている、念仏をしているというのはそういう光景です。しばらくして慣れるとそれらの鳴き声はあまり耳に入らなくなります。これは感覚的に耳が、脳がそういう音の音量を下げて受け入れているからでしょう。同じようにそこいらじゅうに聞こえる念仏の声を、私どもの煩悩が受け入れていないだけなのです。

そこで、宿善があって聞其名号信心歓喜と名号の由を聞いていくと、名号が聞こえてきます。すると名号の南無阿弥陀仏は信者のものになる、南無阿弥陀仏の主になるのです。それは智慧の名号が、信心の者のものになるのであり、疑いはれて信じた信心の姿であるのです。よって如来の回向する信心のことを信心の智慧と仰せられるのです。先ほどの聖者であろうと悪、善の凡夫であろうと、弥陀の浄土へ往生を遂げられるときには、この他力回向の信心を得なければ弥陀の浄土へ往生は出来ないということです。

最初の「しかれば」とは、この十七願の働きの世界をご説明するためでした。ご和讃に「智慧の念仏うることは　法蔵願力のなせるなり　信心の智慧なかりせば　いかでか涅槃をさとらまし」この名号を聞いていくことがなければ、いかなる聖人でも弥陀の報土へ往けないから、大涅槃は悟られない。だから十方の諸仏が、皆弥陀の本願を信じ、弥陀の浄土へ往生せよと、口をそろえて弥陀の「智願海」に入れとお勧めになっているのです。

「一切諸仏の智慧を集めたまへる御かたちなり。光明は智慧なりとしるべしなり」と、無礙光如来の光とは、十方世界の仏様が、受け入れてお念仏なさっている光であり、そのことは一切諸仏が受け入れている、つまりは一切諸仏のお智慧も含んだ光になります。そういうふうにお心得なさい、が知るべし、心得なさい、知りなさい、ということです。光明の体が弥陀の智慧、名号の体も弥陀の智慧、だから智慧の名号とか智慧の念仏というのです。

「但有称名皆得往」といふは、「但有」はひとへに御なをとなふる人のみ、みな往生すとの

たまへるなり。かるがゆえに「称名皆得往」といふなり。

「但」は「ただ……のみ」と読まれることが多い文字です。それに従うと、ただ「御なをとなふる人のみ」となりますので、「ひとへに」を付けて、さらに強調されています。ひとへに念仏する人のみということは、ご和讃では「極悪深重の衆生は　他の方便さらになし　ひとへに弥陀を称してぞ　浄土にうまるとのべたまふ」とされたものであるように、ひとへには但よりも専らを強める言葉になっています。

「御な」を称ふる、これは南無阿弥陀仏の名号、それを「称える人のみ」、もっぱらに念仏する人のみということで、称名念仏のみということを強調するのです。「みな往生すとのたまへるなり」と『五会法事讃』で述べられています。聖覚法印のいわれることばです。親鸞聖人は「わたしのいいたいことです」とおっしゃっています。

すると先ほど十七願の世界の流行を述べていたのに、急に称える人のみと限定され、これは十七願で明確でなかった、念仏の真意がはっきりするのです。なぜ、十七願で諸仏がみんな念仏をするのか、しているのかということです。それは諸仏が念仏していることを、さらに十方世界の人々に聞いてほしいからです。十方諸仏が讃嘆するのを十方世界の衆生が讃嘆の意味をふくめて聞いてほしいからです。阿弥陀仏は褒められて喜んでいるのではありません。十七願で流行している念仏を、十方衆生が聞いて、また念仏をする。その念仏こそが、真実報土への念仏ですということを強調するためです。まずは念仏のみですよとおっしゃっているのでしょう。

㈧　観音勢至の添いたまう

「観音勢至自来迎」といふは、南無阿弥陀仏は智慧の名号なれば、この不可思議光仏の御なを信受して憶念すれば、観音・勢至はかならずかげのかたちにそへるがごとくなり。この無礙光仏は観音とはあらはれ、勢至としめす。ある経には、観音を宝応声菩薩となづけて、日天子としめす。これは無明の黒闇をはらはしむ。勢至を宝吉祥菩薩となづけて月天子とあらはる。生死の長夜を照らして智慧をひらかしめんとなり。（『唯信鈔文意』）

「観音勢至自来迎」は、字を表面的に読みますと、観音勢至が自ら来迎、迎えに来る、ということです。『行巻』での表題の句の読み下し文は、「観音勢至おのづから来たり、迎えたまふ」（171頁）となっています。親鸞聖人は迎えに来るとはおっしゃっていません。

それでは「南無阿弥陀仏は智慧の名号なれば」を以下で説明します。如来の光明は全世界を照らし、あらゆる衆生を助け救う、つまりは仏に成るように、導く働きをなさっており、それが仏の智慧の姿です。仏の光明は智慧を示すもので、そのことを我々に分かりやすいように名号で届けくださっています。その名号と光明の関係は名と義（はたらき）の違いであって、本体は一つです。そこで弥陀の光明が智慧の光明であることは、名号もまた智慧の名号です。その名号の働きは不可称、不可説、不可思議のお働きがあって、究極は大涅槃に至らしめたまう大慈大悲の誓いのみ名であるということです。そのみ名を称えるものはすべてみな往生するということです。

「この不可思議光仏の御なを信受して憶念すれば」と不可思議のみ名である南無阿弥陀仏は智慧の名号なれば、この「仏の名を聞きてよく信受することが、さとりの道から後退せず」（15頁）と龍樹菩薩が言われ、さらに「み名を称して憶念すべし」とされています。そのみ名を信受して憶念すればとは、名を称えるだけではなく、信受して、憶念するのです。前に「但有称名」のところで、「ただ御なを称える者のみ」とありましたが、それは信受して、憶念するということであると、お書きになっていますが、龍樹菩薩がご指示なさっているのです。信受は私たちになじむところでは『阿弥陀経』の末尾に「歓喜信受作礼爾去」と出てきます。辞典には熟語としては出てきませんが、漢字の意味から「任せて受け取る」「心にうけこむ」ということです。憶念は国語・古語辞典では「深く思い込みいつまでも忘れない」、「心に深く思い込むこと」とあり、信心を相続（続ける）、いつまでも忘れない、思い続けることが憶念です。憶念という言葉は『観経』の終わり部分に出てきます。「いかに況や憶念をせんや」（117頁）とあり、その前の話は長いので略しますが、称名念仏をただ称えることではなく、心の憶念が口にそのまま出て、なむあみだぶつと称える憶念称名が大切です、とされています。親鸞聖人は『浄土文類聚鈔』（478頁）に「称名は即ち憶念なり、憶念はすなはち念仏なり」とされています。したがって、ここでは「（お浄土に往くことは）阿弥陀様を信頼し、その心にお任せして念仏すれば」という意味になるでしょう。心の憶念が口に南無弥陀仏と出てきて、その称える憶念称名が大切であるということです。すると、「観音・勢至はかならずかげのかたちにそへるがごとくなり」観音・勢至は観音菩薩、勢至菩薩のことです。まず、「かならず」とは先ほどの信受して憶念するものはかならずということです。それ以外の条件を何もおっしゃっていませんから、凡夫は言うまでもなく五逆・十悪の凡夫であっても、だれであってもということになります。「かげのかたちにそえるがごとくなり」これを善導大師は常随影護（じょうずいようご）の利益といわれています。影は形に沿って生じるのですが、そのように離れない。そのごとくにして守ってくださるということです。親鸞聖人のおいでになった当時の世間一般には、念仏する者の臨終には、仏菩薩が現れてお迎えくださる、と理解されていました。しかしそういうことを『五会法事讃』

の法照も引用された聖覚法印も、解釈された親鸞聖人も、意図されていません。『観経』の終わりの方に、「念仏する者は、まさに知るべし。この人は人中の分陀利華（蓮の花ですが、イメージとして蓮は葉が大きいので、一面の緑の中にピンク系の白い蓮の花がぽつんぽつんと咲いています）そして観音菩薩、大勢至菩薩その勝友となる」とあり、勝友とは優れた仲の良い友達ですから、いつも影形のごとくに私についている。臨終ではなく、日ごろから付き添っているということです。親鸞聖人の『現世利益和讃』では「南無阿弥陀仏をとなうれば　観音勢至はもろともに　恒沙塵数の菩薩と　かげのごとくに身にそへり」（７５５頁）とされています。「恒沙塵数」とは無数のという事です。

「この無礙光仏は観音とはあらはれ、勢至としめす」無礙光仏は阿弥陀仏の別名です。阿弥陀仏が観音と現れ勢至と示すのを示現（じげん）とか化現（けげん）といいます。示現、化現は同じ意味ですが、姿かたちを示すときは化現といいます。いずれも仏菩薩が衆生を救うために身を変じて現れることを言います。阿弥陀如来が姿を変える話は『理趣経』に「この仏、無量壽と名く、浄妙国土（浄土）においては仏身を現生し、雑染五濁世界に住んではすなわち観自在菩薩となる如し」とあり、『観音経』（『法華経』の観音普門品が独立してよばれる経）に「観音は等しく世間を見、声に従って苦を救う」とあり、観世間音とか観自在とも呼ばれています。阿弥陀如来の慈悲面での化現が観世音菩薩であり、阿弥陀如来の智慧面の化現は勢至菩薩です。『観経』では勢至菩薩を「この菩薩の一毛孔光を見ると（毛穴から光が出る）その光をみると、十方無量諸仏浄妙光明、たくさんの仏の光をみる。この故この菩薩を号して無辺光と名づく」（１０５頁）とあり、『大経』では無辺光は阿弥陀仏のことですから、勢至菩薩は阿弥陀仏です。そして光明は智慧ですから、智慧面の化現が勢至菩薩です。真宗では観音勢至のことは『観経』に基づいて考えます。我々の側から向かって右に観音、左が勢至。その姿やお働きは『観経』十観、十一観の所で述べられていますが、話が膨れすぎますので、そのお話はしません。

「ある経には、観音を宝応声菩薩となづけて、日天子としめす。これは無明の黒闇をはらはしむ。勢至を宝吉祥菩薩となづけて月天子とあらはる。生死の長夜を照らして智慧をひらかしめんとなり」先賢の説で、「ある経には」とは、『安楽集』に引用の『須彌四域経』のことです。その内容は、世界中の神話に出てくる話と同じように、暗黒の世界に太陽が出て、夜の世界に月が出て、星宿（せいしゅく）がいろいろに語られています。世界の神話と共通することが語られていることに驚きました。長く引用は避けますが、天地の開闢（かいびゃく）以来、世界は真っ暗で人民が苦しんでいたので、阿弥陀如来は「宝応声・宝吉祥」菩薩を遣わされて、日月を造り、二十八宿を造ったとありました。だから、手の舞うところも足の踏むところもすべてが、阿弥陀仏の御慈悲の中にある、と仏様に結び付けていきます。昔は日月星宿は人知の及ぶ所ではないとされていたのですが、現代の天文学などの知識では、その存在の仕方や動きは解明されているようですし、そういう中で、星宿などによる占いなどは、茶飲み話になっても本気にはなれませんが、太陽や月の存在は仏様とは思わないまでも、それなりに有り難い存在であるのは現代においても事実でしょう。仏様の現れとは『安楽集』より以前の、七世紀の嘉祥大師吉蔵（中国の天台の偉いお坊さん）の『法華義疏』に引用されているようです。親鸞聖人はそれをご覧になっているのではないかと思います。観音菩薩は日天子と現れ暗闇を破った。太陽が東に昇ると世の暗闇を晴らしていく、それは破りさるとか、取って替るとかではなく、晴らしていくお働きであり、よろずの衆生の無明の闇を晴らしていくというお働きです。勢至菩薩も月天子となって、生死の長夜を照らして、智慧を開いていくお働きです。両方とも破るとか戦うことで一挙に変化させるのではなく、開いていくという在り方に注目したいものです。だんだん夜が明けていき、明らかになっていくというような働きかけです。

「自来迎」といふは、「自」はみづからといふなり。弥陀無数の化仏・無数の化観音・化大勢至等の無量無数の聖衆みづからつねに、ときをきらはず、ところをへだてず、真実信心をえたるひとにそひたまひてまもりたまふゆえに、みづからと申すなり。また「自」はおのづ

からといふ、おのづからといふは自然といふ。自然といふはしからしむといふ。しからしむといふは、行者のはじめてともかくもはからはざるに、過去・今生・未来の一切の罪を転ず。転ずといふは善とかへなすをいふなり。もとめざるに一切の功徳善根を仏のちかひを信ずる人に得しむるがゆえに、しからしむといふ。はじめてはからはざれば自然といふなり。誓願真実の信心をえたるひとは、摂取不捨の御ちかひにをさめとりてまもらせたまふによりて行人のはからひにあらず、金剛の信心をうるゆえに憶念自然なるなり。この信心のおこることも、釈迦の慈父・弥陀の悲母の方便によりておこるなり。これ自然の利益なりと知るべしとなり。

仏教では自然を「じねん」と読みます。その意味するところはしぜん（自然）と違いはありませんが、ただ今の私どもがイメージする天然自然の風景的な在り方ではなく、仏様はお働きにおいて自然であるということを意味します。そこで「じねん」と読みます。利益も「りやく」と読み、仏などの神仏の力によるものを言います。「りえき」と読むと、金銭の伴う益の場合になります。

「自来迎といふは、自はみづからといふなり」自来迎の自について、自ら（みづから）と自然（じねん）という二つの解釈をされています。まず「自はみづから」ということですが、極楽浄土の阿弥陀如来、観音・勢至の大菩薩は、ほかにもたくさんの菩薩や諸天善神などがおいでになる中、そういう他の方々に任せずに、自らお出ましくださって、常に念仏の者をお守りくださるという解釈です。常に、普段に、日常にお守りくださるということです。「弥陀無数の化仏・無数の化観音・化大勢至等の無量無数の聖衆みずからつねに」このように「みづから」と解釈なさいましたのは、菩薩が「みづから」なされていますということです。「弥陀無数の化仏無数の化観音・化大勢至等の無量無数の聖衆」これは阿弥陀如来の分身である化仏のことで、『現世利益和讃』を拝見しますと「無碍光仏のひかりには　無数の阿弥陀ましまして　化仏おのおのことごとく　真実信心をまもるなり」とあるその化仏です。化仏・化菩薩とは、救済の対象の衆生が無数であり、その一人ひとりに現れるためには無数の化の姿が必要になります。化とは分身ということでしょう。その弥陀無数の化仏・化観音・化大勢至などそれらすべてを仏様と呼び、それらの化の方々が念仏の者を一人ひとりお守りくださるのです。それもまた「ときをきらはず、ところをへだてず　真実信心をえたるひとにそひたまひてまもりたまふゆえに」添いてくださるのです。それは菩薩方がみづからなさっていますということです。『観経』に「無量寿仏の化身無数にして観世音・大勢至とともに、つねにこの行人の所に来至したまふ」（十二観）とあって、それには多くの説明があるのですが、簡単に申しますと、善導大師が『観念法門』で、この文は念仏を説いた部分であるとされ、さらに親鸞聖人は、『観経』は隠顕の二つの意味を持っていて、顕（おもて、明らかに示す部分）は一生懸命に修行をする定善の人びとの話であるが、隠（裏の隠された意味）がある。それは念仏の利益を説く文であるとされました。先ほどの「観音勢至が勝友になる」ということを現しているのでしょう。そして善導大師の『往生礼讃』に「行住坐臥、一切の時所を問わず常に行者をはなれたまはず」とあり、場所も時間も選ばずお守りくださるのです。「真実信心をえたる人にそひたまひてまもりたまふゆえに、みづからと申すなり」ということです。ただ称名念仏をするものではなく憶念称名ということが前にも述べられましたが、ここでは、真実信心を得たる人とおおせられています。『唯信鈔』が唯信を強調するのに合わせられているのであって、憶念称名と同じことです。

「また自はおのづからといふ、おのづからといふは自然といふ。自然といふはしからしむといふ」また、という言葉で、場面を変えて、おのづからを、自然という意味であるとされます。人が手を加えない状態ということです。さきの「みづから」というのは自分で動きます。その主語は阿弥陀仏、観音勢至菩薩でした。

「おのづから」ということは、私ども衆生の側から感じることです。衆生側が世話を焼く、手を出す必要がなく「おのづから」ということです。自然というはおのづからしからしむということです。「しからしむ」という表現はあまり現代的ではありませんが、当然そのようになるとか、なっていくということです。親鸞聖人は「しからしむといふは、行者のはじめてともかくもはからはざるに、過去・今生・未来の一切の罪を転ず。転ずといふは善とかへなすをいふなり。もとめざるに一切の功徳善根を仏のちかひを信ずる人に得しむるがゆゑに、しからしむといふ。はじめてはからはざれば自然といふ」とされています。念仏をするもの（行者）がはじめて計らわない、この「はじめて」は、はじめにとか先んじてという意味です。先にともかくも、計らうことなくても過去・今生・未来の一切罪を転じる。罪を善に転じて、功徳善根を得させる。このことは転悪成善のご利益といいます。わが身の転悪成善は、自分の計らいはいらず、仏の方でこの凡夫の悪を転じて善に為そうとしてご尽力してお計らいくださっている。行者の方ははじめから、計らうことはなにもいらぬということです。

　転ずというのは消し失うことではなく変化する、ここでは罪を消し失わずに姿を転じ変えることです。聖道門では煩悩を一つずつ消して菩提に近づいていきますが、浄土の教えは煩悩の体をそのままに置きながら、菩提の体と転じていく。「罪障功徳の体となる　こほりとみづのごとくにて　こほりおほきにみづおほし　さはりおほきに徳おほし」（曇鸞讃）と親鸞聖人はご和讃に述べられたのは、他力の信心の行者が命終わって、浄土に生ずれば、今までに有った罪障がたちまちに転じて功徳となる。しかも命が終わってではなく、真宗では信の一念の時、はや三世の業障は、一時に消滅してくださるのです。この一時はいっとき、しばらくではなく、いっぺんにという事です。ご和讃に「一切の功徳にすぐれたる　南無阿弥陀仏をとなふれば　三世の重障みながら　かならず転じて軽微なり」とあります。行者の方は昔に変わらぬ罪障を抱えているけれども、法の利益から言えば不可称、不可説、不可思議によって善に転じられていく、それをいま罪を消し失わずとも、善に為すとお示しであり、それが自然であるということです。

そこでお説教などでは、このままのお助けですと言われます。聞いている側としてはこのままでいいと受け取ると間違います。いいのではなく、そのままのお助けです。『教行信証』総序の文「円融至徳の嘉号は悪を転じて徳を成す正智、難信金剛の信楽は疑いを除き証を獲しむる真理なりと」あり、同じことをおっしゃっています。今この言葉を解釈しませんが、転じるということを言われています。

「誓願真実の信心を得たる人は摂取不捨の御誓いにおさめとりてまもらせたまふによりて、行人のはからひにあらず。金剛の信心を得る故に憶念自然なるなり」ここは大切なところです。誓願真実の信心とは他力の（如来の）真実の信心、つまり凡夫が持つ信心ではなく、如来の誠の心をいただいた信心ですから、他力の信心といいますが、それは摂取不捨の御誓いにおさめ執り、お守りくださる故に、自然に得させていただく信心になります。したがって、如来の信心ですから、金剛の信心であり、至心信楽欲生と言葉は違うが心は一つ。そこに疑蓋（疑いとか、蓋をすべき困った、恥ずかしい心）が交わることがないので、真実の一心です。そのことを善導大師が述べられています。「疑蓋まじわることなし、故に一心なり。これ金剛の真心、故に真実の信心、真実の信心は必ず名号を具する」（２４５頁）。行人の計らいにあらずいただいた信心であるが故に金剛の信心です。金剛の信心は憶念の心と現れ、憶念の心は、凡夫の信であるが、煩悩妄念の中で、時々本願を思い出す、その心の絶えないことを憶念の心の相続といいます。それもまた他力により、自然にしからしむるものであるとお示しです。時々本願を思い出すのは緩い信心と思われるでしょう。しかし法然上人は「眠くなったら寝、覚めてから念仏すればよい、往生するか、しないかは一定と思えば一定、不定だと思えば不定である」とされています。

「この信心のおこることも釈迦の慈父・弥陀の悲母の方便によりておこるなり。これ自然の利益なりと知るべしとなり」金剛の信心も憶念の心も皆本願を信じる心ですが、その信心が起こるのも如来他力により自然に起こってくる信心です。その信心が起こるのは釈迦と、弥陀のお勧めによるのであり、我々凡夫の努力ではありません。『行巻』に弥陀の本願を父母に例え、「徳号の慈父ましまさずば能生の因欠けなん。光明の悲母ましまさずば、所生の縁背きなん」（187頁）とあります（能は働きかける。所はそれを受けとめることです）。話が複雑になりますので簡単にまとめると、父と母に喩（たと）えられる因と縁の働き、阿弥陀の話を釈迦が説くという因縁から、信心が生まれてくるのも自然のことであるとお示しなのです。生まれてくる、起こるです。信心発起という言葉もあります。ご和讃には「釈迦・弥陀は慈悲の父母　種々の善巧方便し　われら無上の信心を　発起せしめたまひけり」とあります。

自然という言葉はご和讃に「信は願より生ずれば　念仏成仏自然なり　自然はすなわち報土なり　証大涅槃うたがわず」とか、「五濁悪世のわれらこそ　金剛の信心ばかりにて　長く生死をすてはてて　自然の浄土に至るなり」という讃があるように、阿弥陀如来の他力により、おのずから悪を転じて、善に変えて浄土に導いてくださる。そのような如来のお働きをもって自然とされています。自然（じねん）とは他力を表すのです。

㈡　来はきたらしむなり　（『唯信鈔文意』）

「来迎」と言うは、「来」は浄土へきたらしむといふ、これすなはち若不生者のちかひをあらはす御のりなり。穢土をすてて真実報土にきたらしむとなり。すなはち他力をあらはす御

ことなり。また「来」はかへるといふ。かへるといふは願海に入りぬるによりてかならず大涅槃にいたるを、法性のみやこへかへると申すなり。法性のみやこといふは、法身と申す如来のさとりを自然にひらくときを、みやこへかへるといふなり。これを眞如実相を証すとも申す、無為発心ともいふ、滅度に至るともいふ、法性の常樂を証すとも申すなり。このさとりをうれば、すなはち大慈大悲きはまりて生死海にかへり入りてよろずの有情をたすくるを、普賢の徳に帰せしむと申す。この利益におもむくを「来」といふ。これを法性のみやこにかへると申すなり。

来迎とは。現代ではほとんど言う人はいなくなりましたが、親鸞聖人の時代には臨終に阿弥陀様ほか諸仏がお迎えに来てくださるという信仰が普通にあり、お迎えがないと、それは信心が足りなかったのだとされていました。そういう来迎を親鸞聖人はおっしゃいませんが、ここでは当時の一般的な考えの来迎について、如来の側、浄土の側からの言い方で、来は来たらしむ、こさせるです。それは善導大師の『観経疏』散善義の「二河白道」のお話にあるように「汝一心正念にして直ちに来たれ」と阿弥陀仏が西の岸から呼び声をかけて、釈迦が東から「行け行け」と勧める、その場面全体が、阿弥陀仏の、すべてを救えなければ仏に成らないという誓願（若不生者、不取正覚、もし生ずることなければ仏に成らない）を表しているように、すべてを真実報土、お浄土に来させるということは、阿弥陀仏の願いであり、そのお力を表すのが、南無阿弥陀仏というお言葉である、とされています。

そして、「また来はかへるという。かへるといふは願海に入りぬるによりてかならず大涅槃にいたるを、法性のみやこへかへると申すなり」ここで「来はかへる」と、またびっくりする解釈です。先ほど「来させる」という話は仏様（浄土）からのことでした。どうやら「かへる」というのは我々凡夫の側のようですが……そうなのでしょうか。確かに凡夫は阿弥陀仏の願のお力の中でしかお浄土に往くことは出来ません。主語が凡夫であっても浄土に往くことも、そこで真実のお悟りを得て大涅槃に至ることもすべて弥陀のお力です。だから「帰る」は分かりにくいのです。昔の真宗の学匠もかなり苦労して景興（きょうごう）（七世紀後半、新羅の法相宗の僧）の『無量寿経述文讃』に「来は帰なり」とあるのを親鸞聖人はご覧になったのでしょうか、とされています。人があまり知らない解釈を持ち出したこの言い方には、親鸞聖人独自の信仰の在り方が潜んでいるようです。ですから大切なところです。真宗の教えは、ただぼんやりと浄土に生まれるとか、極楽に生まれることを単純に喜ぶものではありません、とおっしゃるのです。それは「法性のみやこといふは、法身と申す如来の悟りを自然にひらくときを、みやこへかへるといふなり」浄土の教えは極楽へ往生するだけではありません。弥陀の浄土に往生して法身という、仏の悟りを開くのです。

もちろん阿弥陀如来のご尽力で自然に、開けるのですが、仏の悟りを開くとは、つまり如来、仏になるのです。「これを眞如実相を証すとも申す。無為発心ともいふ、滅度に至るともいふ、法性の常楽を証すとも申すなり」と、ここは如来の悟りのいろいろな表現があることを挙げています。『法華経』では真如実相といい、『浄土論』では無為発心とあります。『大経』では十一願に、滅度に至る、善導大師の『観経疏玄義分』は法性の常楽を証するとあります。

「このさとりをうれば大慈大悲きはまりて、生死海にかへり入りて万の有情をたすくるを、普賢の徳に帰せしむと申す」悟りを開けば、仏です。仏に成れば大慈大悲の心が生じ、この生死の世に戻ってきて、よろずの衆生を助ける働きをします。その大慈大悲の働きを普賢の徳といいます。これを還相の働きとします。このことは『涅槃経』に「大般涅槃はよく大議を建つ」とあり、『大乗義章』（六世紀の中国の僧慧遠の著作）には「大義とは衆生済度の大利益を備えること」とあります。これが浄土真宗にとっては大切な思考です。親鸞聖人の信仰の肝要な部分です。浄土教から浄土真宗への転換点です。単に極楽へ往きましょうの話ではないのです。親鸞聖人の『教行信証』冒頭に「謹んで浄土真宗を案ずるに二種の回向あり。一つには往相。二つには還相」とあり浄土真宗の大切な二本の柱です。

「この利益におもむくを来といふ。これを法性のみやこにかへると申すなり」びっくりする独特の解釈だったのですが、まさに親鸞聖人の信心の言葉です。凡夫は眞如法性から外れて迷いの世界をうろついているのであって、その眞如法性へ戻ることを考えると、弥陀の浄土に来れば、自然に眞如法性に至りつくので、法性のみやこ、本当の仏の世界に「かへる」と表現されたのでしょう。仏とは衆生を救うのが本来の働き、本来の姿、その本来の仏のあるべき働き、それは還相の働きといい、その働きをするために仏に成るのです。単に浄土に往くのではなく、本当の仏に成るのを、眞如法性の都へ還るという表現、それは同時にこの五濁悪世に「かえって」衆生済度に尽力することを暗示なさっていませんでしょうか。私たちが浄土からこの世に生まれてきて、また浄土に帰るのではありません。仏の力で仏に成っていくことを還るとされたのです。

「迎」といふはむかえたまふといふ、まつといふこころなり。選択不思議の本願、無上智慧の尊号をききて、一念も疑ふこころなきを真実信心といふなり。金剛心ともなづく。この信楽をうるときかならず摂取して捨てたまはざれば、すなはち正定聚の位に定まるなり。このゆえに信心やぶれず、かたぶかず、みだれぬこと金剛のごとくなるがゆえに、金剛の信心とは申すなり。これを「迎」といふなり。

また変わった解釈が出てきました。迎えるというのは迎えに出る、家の前でとか、駅までとか、出る距離には長短はあるけれども出ていくのですが、ここでは待つという心であるとされています。出ていかないで、動かずに待つという。先ほどの来が私ども凡夫、衆生を来させる動きでしたが、ここでは迎へたまふとありますから、主は阿弥陀如来でしょう。当時の世間一般の諸仏・菩薩の来迎、迎えに来てくださるという考え方を否定されているのです。また凡夫の身の回りで付き添いくださるのは化仏、化菩薩でしたから、待っておられるのは阿弥陀如来そのものでしょう。

待つというのは、待っている相手がいつ現れて来るか分かりませんから、結構気をもみます。阿弥陀如来は、我々凡夫をどのようにお待ちになるのでしょう。「選択不思議の本願、無上智慧の尊号をききて、一念も疑ふこころなきを真実信心といふなり。金剛心ともなづく。この信楽をうるとき必ず摂取して捨てたまはざれば、すなはち正定聚の位に定まるなり。このゆえに信心やぶれず、かたぶかず、みだれぬこと金剛のごとくなるがゆえに、金剛の信心とは申すなり。これを迎といふなり」とあります。

ここに書かれている言葉は、大切なことですが、すでにお話したことや、何かの説教本、説教そのもので、よく耳にする言葉ばかりです。改めて説明すると長い話になってしまいますから要点のみ申します。如来の選択本願というのは『無量寿経』に四十八願ある中の十八願に付けられた呼び方です。

十八願は四十八願の中の王本願と呼ばれています。この選択本願という言葉は、四十八願全体を指す場合もあります。しかしここでは、四十八願全体の中の十八願にいう本願です。それは名号、無上智慧の尊号であり、南無阿弥陀仏の名号であり、それを聞いて一念の疑いもなき心を真実信心、つまりは他力の信心といい、金剛心ともいう。そういう信心の境地を信楽といい、摂取して捨てないとされていますから、その者は必ず正定聚の位に定まる。それをご和讃では「真実信心得るゆえに　すなはち定聚にいりぬれば　補処の弥勒に同じくて　無上覚をばさとるなり」とされています。

定聚とは正定聚のことであり無上覚と同じです。悟りの世界です。仏と同じです。そうすれば信心は破れずかたぶかず（傾かず）金剛のようになる。それを金剛の信心といい、そういう信心になることを迎という、とされていますから、迎えを待つとするのは金剛の信心を待っているという意味になります。

『大経』には「願生彼国　即得往生　住不退転」とのたまへり。「願生彼国」は、かのくににうまれんとねがへとなり。「即得往生」は、信心をうればすなはち往生すといふ。すなはち

往生すといふは不退転に住するをいふ。不退転に住すといふはすなはち正定聚の位に定まるとのたまふ御のりなり。これを「即得往生」とは申すなり。「即」はすなはちといふ。すなはちといふは、ときをへず、日をへだてぬをいふなり。

『大経』は『無量壽経』の下巻の初めに成就文といわれている部分があり、その中に「願生彼国　即得往生　住不退転」と書かれています。前の文で、正定聚（衆）の位に定まるということをおっしゃったことを、このお経の文句でも証明なさろうとして、経文を書かれたようです。一句ずつ簡単な説明を付けて、「すなはち」で、次々とつないでいかれました。願生彼国とはお釈迦様がおっしゃる言葉で、彼の阿弥陀仏の国に生まれんと願いなさい。その願いは、至心信楽が含まれた信心による願いであり、願えば往生を得る。この得るという語は親鸞聖人の『一念多念文』に「得はうべきことを得たりという」とされているから、往生を得るに定まっているとなります。

往生を得れば、不退転の位、すなわち正定聚の位につく、それが即得往生です。正定聚の位とは先ほどのご和讃でも見たように無上覚、お悟りの位ということです。正定聚と無上覚は、『無量寿経』の訳本の違いで、別訳である『無量寿如来会』では等正覚といい、仏と同じとされます。正定聚の位は龍樹菩薩と、曇鸞大師、さらに従来の真宗の説は如来に成れる位であるとしています。しかし遠慮はいらないように考えます。仏に成ると言い切った方が、ロマンがあります。どう逆立ちしても今この身は仏ではありませんが、浄土で仏にしていただけると言い切っていいでしょう。憶念称名は仏に成れるのです。阿弥陀如来は浄土において、このことを待ち、このことを迎えたまうのです。

余談ですが、まず、仏に成れるといわれて、今、鼻を高くすることではありません。ただ仏に成れるのですといってしまうと、人の欲の煩悩は仏に成るために念仏をしようと思ってしまうでしょう。でもそれを否定してしまうと、かえって念仏を遠ざけてしまうのではないですか。だからそういう欲の混じった念仏でも、自力で往生を願っては往生出来ません。念仏の中身を考えて念仏しなさいと、ともかく念仏をしなさいと勧めても、如来様は許してくださるはずです。

また、欲の煩悩は、多念仏がいいですか、一念仏ですか、と争いが生まれてきます。これも人間の煩悩はとどまることがない見本のようです。信心がこもっていることが重要なのですが、信心が表面に出る念仏の姿や数で事を動かそうとする、それも煩悩の表れではないでしょうか。

㋭　十方世界に広まる　（『唯信鈔文意』）

おほよそ十方世界にあまねくひろまることは、法蔵菩薩の四十八大願のなかに、第十七の

願に、「十方無量の諸仏にわがなをほめられん、となへられん」と誓ひたまへる、一乗大智海の誓願成就したまへるによりてなり。『阿弥陀経』の証誠護念のありさまにてあきらかなり。証誠護念の御こころは、『大経』にもあらはれたり。また称名の本願は選択の正因たること、この悲願にあらはれたり。この文のこころはおもふほどは申さず。これにておしはからせたまふべし。

ここは全体の復習みたいなお話です。この部分は十七願の解釈です。お念仏が十方世界に広まっているのは、四十八願のうちの十七願の十方無量の諸仏にわが名を褒められん、称えられんとご誓願になって、大乗の、大きな海のようなお智慧で、その誓いを成就なさったからです。そしてその十七願が成就した様子は、ご和讃で「十方恒沙の諸仏は　極難信ののりをとき　五濁悪世のためにとて　証誠護念せしめたり」とされています。十方諸仏はすでに仏です。いまさら念仏で成仏する必要はないのです。

だから諸仏の念仏は衆生に勧めるために称揚している念仏であり、そのことを証誠護念といい、念仏の誠を証明して念仏を守っているのです。それは、世界の諸仏が、念仏が浄土に往ける素晴らしい方法であると褒めているのであって、阿弥陀如来は自分が褒められようとなさっているのではなく、念仏によってすべての者が浄土に往くことを願って、念仏を称賛してもらい、衆生がそうすることを願っておいでになるのです。それが『阿弥陀経』に示されている様子です。『阿弥陀経』のような具体的な場面は『大経』には書かれていないのですが、十八願で称名念仏を選ばれたことが、この悲願の現れです。証誠護念の現れです。このことはあまり詳しく述べませんが、今までの話から推し量ってください、とされています。

救いにあずかっていると分かって念仏する一念の念仏、そしてうれしさを持続する憶念の念仏、お礼の念仏、報恩の念仏ということです。

㋬　後善導のこと

この文は、後善導法照禅師と申す聖人の御釈なり。この和尚をば法道和尚と、慈覚大師はのたまえり。また『伝』には廬山の弥陀和尚とも申す。浄業和尚とも申す。唐朝の光明寺の善導和尚の化身なり、このゆえに後善導とも申すなり。（『唯信鈔文意』）

法照禅師の『五会法事讃』とは禅師が編纂したのは『浄土五会念仏略法事儀讃』といい「五会念仏」の音楽的な法要で用いる経文です。『称讃浄土経』『仏本行経』『阿弥陀経』『般舟三昧経』『新観無量観経』などから引用してつくられたものです。

法照禅師は、八世紀の中国の方で、浄土教にとっては重要な人物です。ただ真宗伝統の七高僧には入っていません。しかしここでは親鸞聖人は聖人と呼んでおいでになり、善導和尚の化身なりとお示しですから、七高僧の一人善導大師の生まれ変わりとあがめられて聖人とされたのでしょう。親鸞聖人のご註釈ではこの句（偈文）の出どころをお示しになっていませんが、法照禅師が、『阿弥陀経』の別訳である『称賛浄土経』など五つのお経から引用してつくられたのが『五会法事讃』です。『称賛浄土経』は、有名な玄奘三蔵が訳された『阿弥陀経』の別訳です。玄奘三蔵と善導大師とは同じ時代の方で、善導大師が道綽禅師の門に入られ、念仏を学ばれ、広めているとき、玄奘三蔵はインドへの旅の真最中でした。だから玄奘三蔵が帰国の後に訳された『称賛浄土経』を善導大師はご覧になっていません。その新しい訳の『称賛浄土経』を使って偈文をつくり、浄土の教えを勧めたので、法照禅師は後善導と呼ばれているのです。

法照禅師は「五会念仏」の声明（しょうみょう）を始めた方で、法照禅師のまとめた讃文を五つの音の旋律で、謳うように読むのが「五会念仏」といいます。その声明による念仏は、当時の中国でも、念仏を広めるのに大いに貢献するものがありました。そして五台山に永く伝わっていったとされています。声明というのは音楽的な、ちょうど男声合唱団コーラスのようにして、経文を読むものです。聞いている人をうっとりさせるものでした。

補足しますと、念仏を広めた方に懐感（えかん）という方がいました。善導の直弟子で、善導の教えを守り伝えた七世紀後半の方です。そしてその約五十年後の方が法照禅師です。さらに五十年程のち、善導から言えば百年ほど後には少康という方もおいでになりました。親鸞聖人はご和讃で「世々に善導いでたまひ　法照・少康としめしつつ　功徳蔵をひらきてぞ　諸仏の本意とげたまふ」といって尊敬されています。「世々にいでたまひ」とは、後の世に次々と、ということです。

法道和尚と慈覚大師はのたまへりとありますが、慈覚大師は九世紀前半の方で、天台の四祖、比叡山延暦寺の三代目の座主円仁のことです。唐に渡り、顕教、密教を学び、特に天台密教を日本に伝えた、天台宗では大切なお方です。中国の五台山に伝わる「五会念仏」の声明を比叡山に伝え、日本の天台声明の祖ともいわれています。『唯信鈔』の著者聖覚法印も、比叡山でこの「五会念仏」を唱導されていたのでしょう。唱導家であった聖覚法印たちの尽力で、この当時広く法会で使われていたと考えられます。いわばみんなが知っている節と文句でした。だから聖覚法印はその意味の解釈もされずに引用して、この心かとされているのだと思われます。

当時の「五会念仏」の声明による法要に参列して、それを聞いて出家するものもあったようで、後鳥羽上皇の女官たちが法会に参加して、出家してしまったのが、承元の法難の原因になりました。法然や親鸞など八人が流罪に、四人が死罪になっています。女官は松虫、鈴虫であっ

たというのは後世に付け加えられた話かもしれません

慈覚大師の伝記には、五台山で法道和尚に学んだと書かれており、親鸞聖人はそれを読んで、法照禅師のことを法道和尚と書かれたようですが、法照禅師と慈覚大師とは年齢的には接点はなさそうです。

廬山の弥陀和尚というのは、『楽邦文類』という中国の仏僧の伝記を集めた本であり、その中の一説に、法照禅師を弥陀和尚とも呼ばれたと書かれています。同じ書の別の項では浄業和尚とも呼ばれたと書かれています。このお二方も法照禅師とは関係のない方の話でした。これらのことは今日分かったことで、昔はそのまま信じられていましたし、親鸞聖人の先ほどのご和讃で、「世々に善導いでたまひ　法照・少康としめしつつ」とされて法照禅師を善導の生まれ変わりの方とお考えになっていたようです。

お名前の後の禅師とか和尚というのは、昔は尊称であって、宗の立場を示すものではありませんでした。日本では禅師、和尚はみな禅宗が持っていきました。「大師は弘法に取られ、太閤は秀吉に取られ」の俗諺でいきますと、禅師和尚は禅宗に取られということになります（参考＝玄奘602～664年、善導613～681年、慈覚794～864年、法照は善導の五十年後に活躍されています）。

㈣　念仏の働きと心　『五会法事讃』文（その二）

さてつぎに、第十八に念仏往生の願をおこして、十念のものをもみちびかんとのたまへり。まことにつらつらこれをおもふに、この願ははなはだ弘深なり。名号はわずか三字なれば、盤特がともがらなりともたもちやすく、これをとなふるに、行住坐臥をえらばず、時処諸縁をきらはず、在家出家、若男若女、老少、善悪の人をもわかず、なに人かこれにもれん。

㈠　念仏往生の願　（『唯信鈔』）

彼仏因中立弘誓　聞名念我惣迎来　不簡貧窮将富貴　不簡下智与高才　不簡多聞持浄戒　不簡破戒罪根深　但使回心多念仏　能令瓦礫変成金

このこころか、これを念仏往生とす。

さてつぎに、第十八に念仏往生の願をおこして、とは前の話に続きます。前に十七願の由来を述べ、大切な念仏の勧めであると説明しています。十七願を取り上げたのは、師の法然上人にはなかったことです。聖覚法印がこの『唯信鈔』で取り上げており、親鸞聖人は、『教行信証』の行巻で大きく取り上げています。このことは注目しておきたいことです。

『大経』ではいちいちの願に名前は付いていませんが、十八願の「念仏往生の願」という名称は、法然上人の『選択本願念仏集』（本願章）によるものです。「初めの無三悪趣の願（第一願）より、終わりの得三法忍の願（第四十八願）に至るまで十一の誓願みなもって成就す。第十八の念仏往生の願、あに孤以て成就せざらんや　しかればすなはち念仏の人みなもって往生す」（1211頁）とあります。

また、「弥陀如来余行をもって往生の本願となさず、ただ念仏をもって往生の本願となしたまえる文」として『無量寿経』の上にのたまわく（十八願文ですが）たとひわれ仏を得たらんに、十方の衆生、心を至し信楽して、わが国に生ぜんと欲して、乃至十念せんに、もし生ぜずといはば、正覚を取らじ」（1202頁）とあります。

法蔵菩薩はこの願を十八番目におこして（なぜ十八番目なのか、法然上人は分からないとされています）、それを成就したのです。そこで、この十八願文をどう解釈するか、いろいろの部分で問題があるのですが、今、聖覚法印は、十念のものおもみちびかむとのたまへり、とされました。「十念のものおも」ということは、十八の願文にある、乃至とは、「〇〇から」ということです。ゼロや一念からか、無限、万、千、百からでしょうか。十念のものをも、とあるので、現在の浄土宗では十回の念仏をいいます。これは『観念法門』『往生礼讃』という、いずれも善導大師の著作ですが、それには「わが名号を称すること下十声に至る」としています。下十声となると上は無限です。最低十声になります。

真宗では数を問題にせず、信心を問題にします。でも世の中には決まっていないと不安な方もおいでになるので、当派では問われたらということで、一揖一香六念一礼を勧めます。揖は揖拝といって、軽く頭を下げる。お香は一回、念仏を六回、礼は深く頭を下げる。念仏よりむしろ、前後に頭を下げることを勧めます。これは決して決まりではありません（六回は、六字の一字に一念仏です）。

「誠につらつらこれを思ふに、この願はなはだ弘深なり」、弘深とはひろくふかしと左訓がついています。読み方や意味が書かれています。聖覚法印が付けられたわけではないので、『唯信鈔』には付いていません。しかし親鸞聖人は『唯信鈔』を何度か写して配布なさっています。その中には仮名書きがあると聞いています。それが左訓になっているのでしょうか。そのことを私は研究していませんが、左仮名は参考になります。

「名号はわずかに三字なれば」、三字なればとは何でしょうか。阿弥陀の三字のようですが、南無阿弥陀仏となれば六字です。聖覚法印は「阿弥陀」と三字で称えていたのでしょうか。阿弥陀と念じるという話は、『教行信証』行巻に龍樹菩薩の『十住毘婆沙論』易行品の引用があります。その文中に「若し人仏に成らんと願じて、心に阿弥陀を念じ奉れば、時に応じて為に身を現じたまはん」というのを見ましたが、これ以外に三文字だけの状況は見出せません。ここは『観経』下品上生の「合掌叉手して南無阿弥陀仏と称せしむ」とあるのを取り上げて書くべきですが、きっとこの文の次に出る盤特も保ちやすくにかけて、あえて三文字といったのではないかと推測します。

「盤特がともがらなりともたもちやすく」とは盤特のエピソードです。正式な名前はチューラパンダカ、漢字で周利槃陀伽。『阿弥陀経』の初めにお説教を聞いている方々の名前の中にこの名前が出てきます。お釈迦様のお弟子の一人です。物覚えが悪くて、弟子失格を言われていたのですが、お釈迦様は呼び寄せて、箒を渡し、「塵を払わん垢を除かん」といいながら掃除をせよと教えられ、その言葉を呪文のように唱えながら、毎日掃除をしていました。何年かしたとき、お釈迦様の教えはこれであると気が付きました。そしてお悟りを得たそうです。そういう頭の悪いものでも保ちやすい阿弥陀の三文字であると聖覚法印はされたのです。これをとなふるに「行住坐臥をえらばず、時處諸縁をきらわず　在家、出家、若男若女、老少、善悪の人おもわかず、なに人かこれにもれん」と、称えるには動いて、歩いている、住まいしている、座っている、横になっている、時間、場所、どのような環境でも、それらに関係なく称えることが出来る。老若男女、出在家、善悪のひとをも（わけない）、どんな人が往生の本願に漏れるのか、とすべての者が入っていますと説いていいます。

「彼仏因中立弘誓、聞名念我惣迎来　不簡貧窮将富貴　不簡下智与高才　不簡多聞持浄戒　不簡破戒罪根深　但使回心多念仏　能令瓦礫変成金」、この漢文には全く説明がないのです。にもかかわらず「このこころか、これを念仏往生とす」と結ばれました。ちょっとはぐらかされたようで、どんな意味か知りたくなります。この偈文は、『五会法事讃』の文で、もとは慈愍三蔵の文を、法照が『五会法事讃』で引用し、さらにここで聖覚法印が引用しているのです。

慈愍三蔵は唐の人で善導大師より少し後の方です。インドへ旅をしてインドの浄土教を学び、慈愍流の念仏を広めましたが、この念仏は日本に伝わっていません。

聖覚法印の引用の意図は、今読んできたように、十八願念仏往生の易きことを主張なさっているのです。

この偈文を親鸞聖人は『教行信証』行巻に引用されていますが、本来の読み方とは違う、親鸞聖人独特の読みになっています。「かの仏の因中に弘誓を立てたまへり。名を聞きて我を念ぜばすべて迎え来らしめん。貧窮と富貴とを簡ばず、下智と高才とを簡ばず、多聞と浄戒を持てるとを簡ばず、破戒と罪根の深きとを簡ばず。ただ回心して多く念仏せしむれば、よく瓦礫をして変じて金と成さんがごとくせしむ」。多く念仏すればが、念仏せしむればに、それに応じて末の部分も、金となるが、金と成さんが如くせしむとなっています。親鸞聖人はその漢文の偈文を、さらに細かく解釈なさいます。それを『唯信鈔文意』でみていきます。

(ロ) みんな迎えてくださる　（『唯信鈔文意』）

『五会法事讃』文の再掲は略します。

「彼仏因中立弘誓」、このこころは、「彼」はかのという。「仏」は阿弥陀仏なり。「因中」は法蔵菩薩と申ししときなり。「立弘誓」は、「立」は立つといふ、なるといふ。「弘」はひろしといふ、ひろまるといふ。「誓」はちかひといふなり。法蔵比丘、超世無上のちかひをおこして、ひろくひろめたまふと申すなり。超世は、余の仏の御ちかひにすぐれたまへりとなり。超はこえたりといふは、うへなしと申すなり。如来の弘誓をおこしたまへるやうは、この『唯信鈔』にくはしくあらはれたり。

「このこころは、彼はかのという」と『唯信鈔』の文の締めで、「このこころか。これを念仏往生とす」を受けてます。言葉として別に説明するまでもないことですが、わざわざ説明されているのは分かっていない人に説明されているからでしょう。仏様がたくさんおいでになる中で、彼(かの)の仏の話を聞きなさい、ほかの仏とはちがうぞ、と強調されているのです。「仏は阿弥陀仏なり」です。因中は、法蔵菩薩ともうししときなり、因位の中で、因中は仏になる前の地位ですが、間もなく仏に成る直前の立場を言います。法蔵が菩薩の時です。「立弘誓は、立は立つといふ、なるといふ」弘誓を立てられては、誓いの立て始めから終わりまで、すべて「立てる」ですが、それを分けられて、「なる」と示されました。誓いが完成して仏に成るが重要なことになります。立てられた願の成就があって、仏に成られたのです。

弘誓の「弘」もひろしという、ひろまるという広いだけではなくひろまる（たてるという場合に現在は建の字を使い、ひろいとひろしも現在では広の字が使われますが、原文に従います）。続いて「誓はちかひといふなり」とあります。仏教で弘誓という言葉が使われるのは、菩薩になるには総願といってどの菩薩も基本に据えなければならない「四弘誓願」があります。いかなる菩薩もこれを基本にしてさらに別願としてのそれぞれの思いを願にするのですが、すべての菩薩が持ち、衆生を広く対象にするということで、一般的には弘願とか弘誓と解釈されます。しかし、親鸞聖人は、法蔵比丘の誓いはひろいだけでなく、さらにひろめたまうと独特の解釈をなさっています。

誓願という言葉も、一言で言われる言葉ですが、誓いと願とは違います。ご和讃に「縦令（たとえ）一生造悪の　衆生引接（接して引き上げる）のためにとて　称我名字と願じつつ　若不生者とちかひたり」とあるように、念仏の者をわが浄土に導きたいが願であって、「若不生者、不取正覚」と、わが浄土に生れてくるものがいないなら仏に成らないと誓われたのであります。そのことを法蔵比丘、超世無上のちかひをおこして、ひろくひろめたまふとまふすなり。とされています。無上のちかひはこの上ない誓いです。『大経』中の重誓偈（三誓偈）には「我建超世願」私は超世の願をおこした、とあります。この超世とは、世俗を超えたという解釈もありえますが、二百一十億の諸仏の浄土から、いいものを選んで浄土を建て、そこへ往生するについては、一切の条件なしで、ただ念仏のみでよいとした点が、「超世は余の仏のちかひにすぐれたまへりとなり。超はこえたりといふはうへなしとまふすなり」であります。

そして「如来の弘誓をおこしたまへるはこの『唯信鈔』にくはしくあらはれたり」。この弘誓のことは『唯信鈔』に詳しく書かれているとされました。話の繰り返しはまぎらわしいので、簡略に触れますが、阿弥陀如来が、法蔵菩薩であったとき世自在王仏の元で、二百一十億の諸仏の浄土を見て、自らの浄土にいいものを選択し、本願を立て誓われた。その様子が述べられています。その話は『無量寿経』（『大経』）に述べられている話です。

ここで注目しておくことは、親鸞聖人は『唯信鈔』を見なさいと勧められていることです。私たちは親鸞聖人の勧められていることですから、もっとしっかりと『唯信鈔』を拝見しなければならないのではないでしょうか。

今真宗で失われているのが、四弘誓願の精神です。それも最初に書かれている、衆生無辺誓願度、すべての衆生を導く、生けとし生けるものをすべてを仏に導くということです。まず自分が仏に成るために歩んで、同時に人を仏に導くのが、仏道を歩む人の生き方ですということです。上求菩提下化衆生の心（『往生要集』）「無上菩提心（仏に成りたいこころ）は、即ちこれは、願作仏心（仏の心になることを願う）なり。「ご和讃では「願作仏の心はこれ度衆生の心なり　度衆生の心はこれ　利他真実の信心なり」とあります。「すなわちこれ衆生を摂取して、有仏の国土に生ぜしむる心なり」（証文類）（分かりやすく言うとみんなが仏に成るよう奉仕しながら、仏道につとめるということです）。実際は難しいことでしょう。しかし広言する必要はありませんが、その気持ち、心がなければ仏道を歩む意味を持ちません。先に歩まれた方々を尊敬し、いま自分はどんなことが出来るかを常に心に問い、そこにお念仏しかない、お恥ずかしい存在ですという日々があるのです。それを伝えていくことです。

「聞名念我」といふは、「聞」はきくといふ、信心をあらはす御のりなり。「名」は御なと申すなり。如来のちかひの名号なり。「念我」と申すは、ちかひの御なを憶念せよとなり。諸仏称名の悲願にあらはせり。憶念は、信心をえたるひとは疑なきゆえに本願をつねにおもひいづるこころのたえぬをいふなり。

「聞名念我といふは、聞はきくといふ、信心をあらはす御のりなり」。聞名念我の、聞の聞くというのは、聞こえているとは違います。何を聞くのか、「信心をあらはす御のりなり」とされています。御のりとは、お釈迦様がおっしゃることですから、『大無量寿経』に述べられていることです。そこには阿弥陀如来の本願が示されており、その本願の疑いなき心を聞くということです。『無量寿経』の趣旨として、仏力・他力の信心ですから、信心をあらはす御のりなりとされています。この『唯信鈔』の初めの偈文、「如来尊号甚分明」の内容を聞くということでしょう。

諸々の講義書はこの聞を説明するのに『一念多念証文』の、「聞其名号といふは本願の名号をきくとのたまへるなり。きくといふは本願をきき疑う心なきを聞といふなり。またきくといふは信心をあらはす御のりなり」とされます。この趣旨に間違いはないのですが、『一念多念証文』の著作年がこの書より七年ほど後のものです。後のものをもって先のものを解釈するのは納得がいきませんが、その趣旨は『大経』が示すものを聞くのです。

「名は御なと申すなり。如来のちかひの名号なり」ですから、御なとは南無阿弥陀仏という名号となります。聖覚法印の主張とそれを受けての親鸞聖人の解釈は十七願の成就でした。それに続く文ですから、聞くとは、いま十七願が成就して、十方の諸仏が褒めたたえ念仏している、それを聞きなさいということです。それが十八願の「聞其名号」です。たくさんの本願が、別々のものでなく一体化して、あるいはなるべく一体化させてとらえられていくことで、筋が通ります。諸仏の念仏の声を聞いて、諸仏の念仏の意も分かり、阿弥陀仏の誓いを知り、歓喜をもって、自分もその話にのせていただこうと信じ念仏をする。そういう信仰の在り方は、神仏に力があると信じられていたころの信仰です。あいまいな信仰でしょうが、真宗が発展してくる中で、そういう素直さを失っていないだろうかと思います。今日のような微細な解釈の中で自覚を促す信仰ではなく、簡単に行けるはずのない浄土に行けるのはうれしいという、素直な受け止め方だと思います。

「念我と申すは、ちかひの御なを憶念せよとなり」念我という文字は、我を念じる、念じよ、というふうに読めますが、我とは阿弥陀如来です。ところが我という仏の体、個体を念じなさいとはお経に書かれていません。つまりはお仏壇の阿弥陀仏の像を念じなさいではありません。誓いの御なは南無阿弥陀仏の名号、それを憶念（おくねん）せよというのが大切な言葉です。「諸仏称名の悲願にあらはせり」、諸仏称名の悲願というのは十七願のことです。十七願は十方の諸仏にわが名を咨嗟（ししゃ）（讃嘆）して、わが名を称えてほしいという願があるのです。わが名を称えよの願は、十八願にもあって話は一貫するのです。すると十八願の成就文に「聞其名号信心歓喜」とある、それは十七願の諸仏の讃嘆している名号を聞いて、その由来をもふくめて称名を受け入れるのが十八願の信心ということになります。如来の誓いの名号は南無阿弥陀仏です。それを憶念せよということです。憶念せよの憶は記憶の憶で、念も思う、両方で心に入れて思うという意味でしょう。十七願、十八願により得させていただいた信心を形・姿に現せば、南無阿弥陀仏の念仏です。それを憶念するのですから、心に入れて念仏をすることが憶念の心でしょう。そのことが『正信偈』にも「憶念弥陀仏本願」とあります。ご和讃にも「弥陀の名号となえつつ信心まことにうるひとは　憶念の心つねにして　仏恩報ずるおもひあり」というのがあります。「称名はすなはちこれ憶念なり。憶念はすなはちこれ正念なり。正念はすなはちこれ正業なり」と『浄土文類聚鈔』には述べられています。本文でも憶念は「信心をえたるひとは疑いなきゆへに、本願をつねにおもひいづるこころのたへぬをいふなり」という説明があります。それが憶念です。ご和讃にも「如来二種の回向を　ふかく信ずるひとはみな　等正覚にいたるゆえ憶念の心はたへぬなり」とあります。

掲げた二つのご和讃で共通することは、憶念の心常にしてとか、憶念の心はたえぬなりとがあります。本文の中でも「本願をつねにおもひいづるこころのたへぬをいふなり」とありますから、憶念は絶えず常にして続くものですということです。それはどういう状況か考えてみますと、例えばお念仏を絶えず常に出来ますでしょうか。それでは否定していた「行」になります。出来ない方が出てきます。

「常」という言葉には二種類あります。相続常と不断常です。切れ目があるけど続いていく、例えばオリンピックの入場行進は、国ごとに切れ目がありますが続いています。それを相続常といいます。全く切れ目なしに続く川の水の流れは不断常といいます。我々のお念仏は時々切れ目があって、けれど続いています。それが信心の姿です。しかし仏様の方は不断常で、切れ目なくいつでも私どもと共においでになり、そこにはお約束の本願も続いている、ある（存在している）のです。それを喜びつつ、日々に時に応じてお念仏をしていくのが憶念の姿です。その時々、思い出してはお念仏をする相続常の底辺には不断常の存在、仏がいます。おいでになるという気持ち（受け止め）があるのです。その違いを常（相続常）にとおっしゃり、一方ではたえぬ（不断常）とおっしゃっているようです。

念仏しようがしまいが、如来はいつも見ています。こんな話がありました。病気になって、手術をしなければならない。手術台に乗せられた時、思わず念仏をした。その念仏は残念ながら、助けてくださいという念仏でしたので、恥じていました。しかし今思うとそれでいいのだということです。念仏をしているうちに、仏様と共にある気持ちが得られています。信心を得なければ念仏しても駄目だという考えは厳しいのです。常念仏の内に信心が現れてくるのです。
ある説教師さんは私が間違っていても、間違わぬ仏様がいるとされました。

「総迎来」といふは、「総」はふさねてといふ、すべてみなといふこころなり。「迎」はむかふるといふ、まつといふ、他力をあらはすこころなり。「来」はかへるといふ、きたらしむといふ。法性のみやこへむかへ率てきたらしめかへらしむといふ。法性のみやこより、衆生利益のためにこの娑婆世界にきたるゆえに、来をきたるといふなり。法性のさとりをひらくゆえに「来」をかへるといふなり。

「総迎来といふは、総はふさねてといふ、すべてみなといふこころなり」、「総はふさねて」とあり、「ふさね」るは総括する、まとめる、たばねるという意味です。すべてをまとめてなにをするか。迎えるのです。すべてみなふさねて迎えます。

「迎はむかふるといふ、まつといふ、他力をあらはすこころなり」。今の偈文の前の部分で、観音勢至自来迎があり、その解釈で、迎について述べました。来たらしむとされていましたが、迎える、待つということで阿弥陀如来が浄土で待ち迎え、待ちますとされています。これは生まれる者がなければ仏に成らないという誓いの言葉の裏付けを示します。ただぼんやりと待っているのではなく、必ず来させるという意味での待ちます。如来が迎えに来るという来迎（この世へのお迎え）ではありません。浄土で迎え待つのです。

「来はかへるといふ、きたらしむといふ。法性のみやこへむかへ率てきたらしめかへらしむといふ」かへりきたらしむは、浄土の側からいう言い方です。法性の都は浄土です。そこへ、いて、いてというのは率てという漢字になります。率いて、引っ張ってきたらしめる。こさせる、それをかへらしむ、かえらせるという表現になっていますが、引っ張ってこさせるのです。このかえらしむを還相の事ではないかという意見もありますが、後の文に、悟りを開く故にかえるとあります。これは如来のなさることでしょう。

ところが、来については、もう一つ新しい意

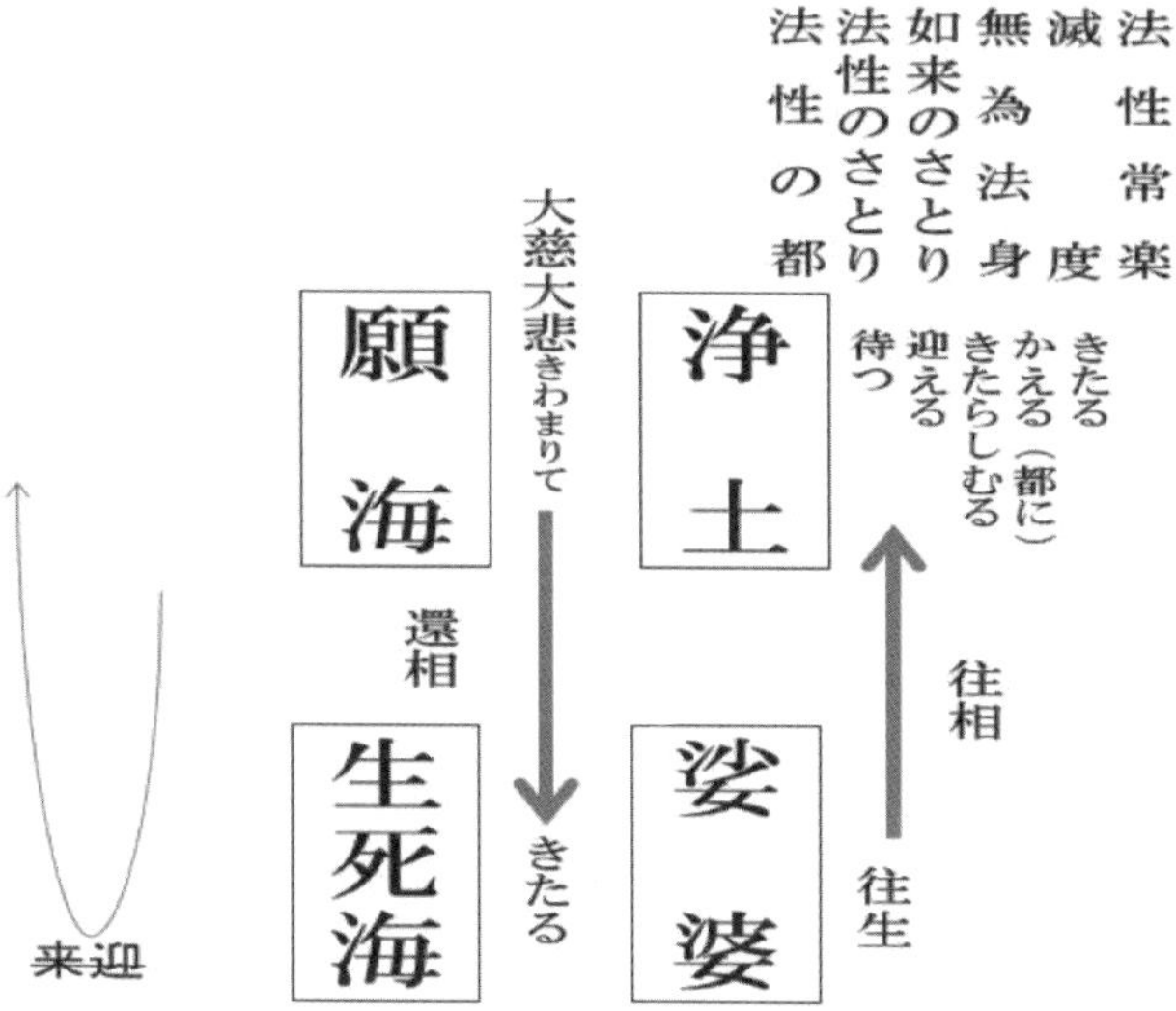

味が入りました。それが「法性のみやこより、衆生利益のためにこの娑婆世界にきたるゆえに、来をきたるといふなり」です。

ご和讃に「浄土安楽浄土に至る人　五濁悪世にかへりては、釈迦牟尼仏の如くにて　利益衆生はきはもなし」とあるように、お浄土からこの娑婆世界に帰ってくるのですが、それを来たるという。それは安楽浄土で往生人は仏に成ります。だから来るという言い方になります。如来は如より来るのです。つまり「法性のさとりをひらくゆえに来をかへるといふなり」これは還相のことになります。浄土へなにをしに往くのか、それは法性の悟りを開くためです。そのために浄土に往きます。法性の都に帰るのです。かへらしむなのです。それもすべてを、ふさねてかへらしむるのです。そして、次の不簡がつく状況のもの、全てをふさねて、そのように往、還させるのです。この同じ言葉が方向違いになっているところを図にしました。

㈧　なにのこだわりもない　（『唯信鈔文意』）

「不簡貧窮将富貴」といふは、「不簡」はえらばず、きらはずといふ。「貧窮」はまづしく、たしなきものなり。「将」はまさにといふ、もってといふ、いてゆくといふ。「富貴」はとめるひと、よきひとといふ。これらをまさにもってえらばず、きらはず、浄土へいてゆくとなり。

「不簡下智与高才」といふは、「下智」は智慧あさく、せばく、すくなきものとなり、「高才」は才学ひろきもの。これらをえらばず、きらはずとなり。

「不簡」は問わず、選ばずですが、親鸞聖人は嫌わずを付け加えられました。「たしなきもの」とは足すものがない、貧乏ということ。貧富にかかわらず、まとめて、浄土へ率いていくのです。「せばく」は狭くです。智慧の浅い、狭い、少ない、その反対が高才でしょう。それ等の者すべてそのことを問わずです。

「不簡多聞持浄戒」といふは、「多聞」は聖教をひろくおほくきき、信ずるなり。「持」はたもつといふ。たもつといふは、ならひまなぶこころをうしなはず、ちらさぬなり。「浄戒」は大小乗もろもろの戒行、五戒、八戒、十善戒、小乗の具足衆戒、三千の威儀、六万の斎行、『梵網』の五十八戒、大乗一心金剛法戒、三聚浄戒、大乗の具足戒等、すべて道俗の戒品、これらをたもつを「持」といふ。かやうのさまざまの戒品をたもてるいみじきひとびとも、他力真実の信心をえてのちに真実報土には往生をとぐるなり。みづからの、おのおのの戒善、おのおのの自力の信、自力の善にては実報土には生まれずとなり。

いろいろな戒があるのです。その一つ一つを説明しても意味がないのでやめますが、戒と呼ばれるものは決して一種類ではないのです。経に依っていろいろあることを知っておかれたらよいでしょう。また、世間一般には戒だけでなく「戒律」という言葉でいわれ、同じものかと考えられますが、ここでは律は入っていません。戒と律は別物です。戒は個人として、やってはいけないことを戒めるものです。律は教団としてやってはいけない決まりです。したがってなおさら教団によって違いがあります。

一応、在家、出家共に守るべき、いわば仏教徒として守るべき戒は五戒であるとされます。その個人としてやってはいけない戒の第一は生き物を「殺すな」です。生き物に植物は入っていませんが、解釈を広める方はいます。生き物は虫の類、ゴキブリも駄目です。蚊やハエ、土中、海、川、いっぱい生き物がいます。すべて殺してはいけないとは、難しいことです。しかしそれが第一の戒だということを記憶しておいてください。

世界の宗教の中で、生贄を供えないのは仏教だけではないでしょうか。仏教の特色です。コロナが流行っています、コロナ菌も殺してはいけないのかといわれそうですが、難しいです。殺されても殺してはいけないのか。その線引きは、きりのないことですから、生き物を殺すなという基本だけ知って、後は応用問題です。後の文中でも出てきますが、親鸞聖人の時代は狩りをするもの、漁をするもの、武士たちはすべて下類と呼ばれて、さげすまれていました。しかしそのようなものをもまとめて率いるとされています。

たくさんのいろいろな戒の品（品々）を保つ方をいみじき人（たいへんなお方）と褒めているのですが、そのようなお方も他力の信心を得なければ、真実の報土に往生出来ません。自力の信心や、戒を守ることでは実報土に往けないとされています。真実報土とか実報土いう言葉が出てきましたが、ここでの説明は本当の浄土としておきます。親鸞聖人は化土、化身土という言葉で、主著『教行信証』にかなりの量をお話しくださっております。量が多くて、浄土の真と仮のお話は出来かねますが、化土も化身土も全部浄土です。その中心部か周辺部かです。中心ならすぐに阿弥陀様にお会い出来て、仏にしていただけますが、周辺部にいると遅れますという事です。

「不簡破戒罪根深」といふは、「破戒」は上にあらはすところのよろづの道俗の戒品をうけてやぶりすてたるもの、これをきらはずとなり。「罪根深」といふは、十悪・五逆の悪人、謗法・闡提の罪人、おほよそ善根すくなきもの、悪業おほきもの、善心あさきもの、悪心ふかきもの、かやうのあさましきさまざまの罪ふかきひとを「深」といふ、ふかしといふことばなり。

破戒というのは相当に罪が深いというのが、当時の常識でした。修行道から脱落するのです。志が弱いだけではなく悪さを成す人の類に入ってしまうものです。一般的には救い難きといわれるのと同じです。

すべてよきひとあしきひと、たふときひといやしきひとを、無礙光仏の御ちかひにはきらはずえらばれず、これをみちびきたまふをさきとしむねとするなり。真実信心をうれば実報土に生るとをしたまへるを、浄土真宗の正意とすとしるべしとなり。「総迎来」は、すべてみな浄土へむかへ率てかへらしむといへるなり。

善人・悪人・身分の高い人・低い人をも含むすべてのものを、如来の誓いの念仏は、それらを導きたまうを先として、すべての凡夫が報土に往生する、率いて、迎え帰らすということです。脱線しますが、徹底的な平等思想なのです。仏教の素晴らしいことの一つです。但し仏教は宗教上の主張であって、政治上の主張ではありません。仏教の主張は政治には向かなかったのでしょうか。欧米の平等という考え方はフランス革命からといわれています。それよりも数百年の昔にすでに平等というありさまを言い出しているのですから、すごいことです。しかも欧米の平等と違って、平等であるからといってそれを強制するのではなく、ともに手を携えていく。ご和讃に「浄土の大菩提心は願作仏心をすすめしむ　すなはち願作仏心を　度衆生心となづけたり」いう世界を目指しています。

㈡　ただ回心すべし　（『唯信鈔文意』）

「但使回心多念仏」といふは、「但使回心」はひとへに回心せしめよといふことばなり。「回心」といふは自力の心をひるがへし、すつるをいふなり。実報土に生るるひとはかならず金剛の信心のおこるを、「多念仏」と申すなり。「多」は大のこころなり。勝のこころなり、増上のこころなり。大はおほきなり。勝はすぐれたり。よろづの善にまされるとなり。増上はよろづのことにすぐれたるなり。これすなはち他力本願無上のゆえなり。自力のこころをすつといふは、やうやうさまざまの大小の聖人・善悪の凡夫の、みづからが身をよしとおもふこころをすて、身をたのまず、あしきこころをかへりみず、ひとすじに具縛の凡愚・屠沽の下類、無礙光仏の不可思議の本願、広大智慧の名号を信楽すれば、煩悩を具足しながら無上大涅槃にいたるなり。具縛はよろづの煩悩にしばられたるわれらなり。煩は身をわずらはす、悩はこころをなやますといふ。屠はよろづのいきたるものをころし、ほふるものなり。これはれふしといふものなり。沽はよろずのものをうりかふものなり、これはあき人なり。これらを下類といふなり。

「但使回心多念仏」、この七文字の読みは、「ただ回心して多く念仏をせば」ですが、『教行信証』ではただ回心して多く念仏せ使（し）むればと読まれています。初めの読みが自分が回心して念仏をするという意味から、念仏が他力（仏）のお勧めによってせしむると読み変わっています。それがさらに、ここでは但の文字をひとへにと解釈されて、ひとえに回心せしめよと読まれています。如来の願の力を受け入れて回心なさいという言葉です。ひとえにということで、ほかのことなしでひとえにとなります。回心といふは自力の心をひるがへす。翻すということはさっぱり捨ててしまうのです。だんだんと変わってくるのではなく、がらりと変わることです。そのことを「すつるをいふなり」と、自力の心を捨ててしまうとされました。心をひるがえして、自力の心をさっぱりと捨てよということです。蓮如上人の作とされる『改悔文』（領解文）にも自力の心をふりすててとあります。

「実報土に生るるひと」は、実報土とは、実でない報土があるのですが、それを親鸞聖人は化土、辺地、疑城胎宮、化身土と呼んでおいでになります。それがどんな所か、行く必要のない所ですから詳しい説明はしませんが、仏教の流れとしては、仏に会うことで仏に成れるという原則的なものがあります。天台の不断念仏修行の目的は仏に会うことです。千日回峰行でも仏に会うことです。真言でも真言を唱えて仏に会うことでその加持力が得られるということです。仏に会う、そのために厳しい修業があるのです。念仏をすれば浄土に往けるということに、当時の他宗が厳しい批判を加えたのは、そんなことで仏に会えるものかでした。それに答える意味で、仏に会えることを示さんとするのです。浄土といっても広いのです、天親菩薩は広大にして辺際なし（かぎりがない）とされていますから、いま私たちのいる所も浄土の中なのです。けれども私たちは、仏に会えていません。それには広い浄土の中で、化仏ではない仏様のおいでになる場所に往かなければなりません。一応そこをお浄土の中心地といたしましょう。その中心地を実報土と言います。浄土とは仏教における悟りの境地であり、場所ではないことは言うまでもありませんが、例え話としての場所です。

その「実報土に生るるひと」は、「かならず金剛の信心のおこるを、多念仏と申すなり」、かならずとは前の文に続くかならずですから、自力の心を翻すと必ずです。それも自力の心を翻し前のことはやめました。次にどうしましょうか、という間のあることではなく、翻したと同時にです。自力の心を捨てるということは、同時に如来に光明の中におさめ執られるのです。仏がいて、その仏に会おうと努力し修行していたが、そうではなくいますでに仏の世界にいると知る、それが必ずです。必ずおさめ執られる、そこには金剛の信心があります。信心には念仏が伴います。その念仏は十八願のわが名を称えよの念仏です。それを多念仏と申すなりとされています。この多念仏はたくさんの念仏ではありません。

「多は大のこころなり。勝のこころなり、増上のこころなり。大はおほきなり。勝はすぐれたり。

よろづの善にまさるるとなり。増上はよろづのことにすぐれたるなり」。大、勝、増のことです。「優れて勝っている」、と説明されています。だからこの多念仏の多は回数ではなく、多善根、多福徳の多念仏です。『選択集』に梵語で魔訶は多と大の意味があるとされており、それを応用した解釈でしょう。それは如来より賜った十八願の念仏を意味しています。その十八願の念仏に付いている、備わっているものが多善根、多福徳です。

「増上」という言葉は、「増上は殊勝になづく」と『教行信証』に『十住毘婆沙論』の言葉を引用されています。増上は多いとか勝れているということです。この多念仏というのは仏の念仏、仏より賜った念仏ということです。

そのことが「これすなはち他力本願無上のゆえなり」という言葉で示されます。阿弥陀如来が本願で選択された念仏、それを私どもに回向されているのです。その念仏は多・大・勝・増上の多善根、多功徳のご利益のある念仏であって、ご和讃に「真実信心の称名は、弥陀回向の法なれば、不回向と名付けてぞ、自力の称念きらはるる」(弥陀が回向をするのであって、人間の側からは不回向)とされています。無上のこの上ない最高の本願の念仏です。自力の念仏にはそういう功徳はないということです。

「自力のこころをすつといふは、やうやうさまざまの大小の聖人・善悪の凡夫の」は重ねて自力を捨てることをお教えになっているのですが、「やうやうさまざま」とは、ようやく（漸く、やっと）という意味で、世間で用いられていることばですが、ここではいろいろ（様々）ということです。大小の聖人は前にもありましたが、たくさんの様々な大乗小乗の聖者、善人悪人の凡夫たちが、自力の心を捨てるとは、みずからが身をよしとおもふこころをすて、身をたのまず、あしきこころをかへりみず、ということです。

先ほどの、ひるがえすのは何を翻すのか。自らが身を良しと思う心を、捨てることです、自力の心を捨てる、とはこのことです。弥陀の本願を信ずるときはわが身は悪い、いたずら者。いたずら者とは、遊び暮らす、無為徒食という言葉がありますが、徒とは、何も出来ない、役に立たない、どうすることも出来ないということです。そのような存在であるという、そういう自分の機を信じなければならない。機とは器とも訳されますが、わが身の在り方、それは自力の心を中心にした、いたずらもののわが身の在り方です。そういうわが身をよしとする心を自力といいます。自力修行の場では、釈迦も達磨も押しのけて修行をしなければなりません。釈迦に会えば釈迦を殺せという禅語を聞いたこともあります。わが身をもって、わが計らいの心をもって、われが行ずる、われが信ずるというのが自力の心です。

それに対して、浄土門の安心は、わが身を良しとする心を捨てるのです。そういうへりくだりがなければ、如来の広く深い誓いに乗ることは出来ないことをおっしゃっているのです。身をたのまず、とはわが身の機を信じることです。頼める身ですか、頼りになる機ですか。いたずら者ではないですか。浄土を目指して修行をし続けるられる機ですか。自分はこう信じる、このように行ずるといって、自分が先に出るのではなく、わが身を頼まずとは、いたずら者のわがはからいの心を頼まず、わが行いを頼まずという事です。

「あしき心をかへりみず」とはいたずら者とわが身を見ているのに、顧みずとはどういうことでしょう。とらわれないことです。それは、自分の悪しき心を顧みて、わが計らいをしないことです。こざかしく、こんな心ではいけないのだと思う、そのことも捨てるのです。こんな悪いものではと、自分で自分を評価しています。わが身を自分で評価して卑下します。それは如来の本願が、悪人のままでよいとなさっているのに、それを疑っている、逆らっている姿なのです。その心、計らう自力心を捨てよとされているのです。

仏教では慢心に、増上慢があります。鼻高々と自慢する、そういう振る舞いをする在り方です。これは自力満々の姿ですが、卑下慢というのもあります。至らぬもので、駄目なものです。遠慮しますというのです。その方の心のうちはそれほどには思っていないものです。いずれにせよそういう己の、己を評価する心を捨てよということです。我慢を捨て、我執を捨て、我愛を捨てよということです。願力他力をありがたく受け奉るには、わが身は悪く、救いようのないものとへりくだらなければ、願力は受けられないけれども、だからといって、へりくだりすぎて、このようなものは駄目でしょうと、自分のありようを自己評価し、卑下するようでは願力をお頼みする心は起こりません。自分は悪くて、悪人ですから地獄往きですという方がいます。その通りです。自分で自分を評価している自力の姿ですから、浄土には往けません。また他人を批判する心にはわが身が善いという評価があり、そのおごり高ぶりがありますから、これも自力です。このように我というのは根深いものです。

わが身をあれこれと詮索することを見限って、かかるものをお助けくださるとは、弥陀の願力にすがる（受け入れる）、了解でなければならないのです。この我を見つめ、治めることが書かれているのが、『般若経』です。短いのは有名な『般若心経』、長いのは『大般若経』六百巻、頑張ってお読みになるのも、在り方として、否定はいたしませんが、ともあれ、我の心がある限りにおいては、弥陀の浄土には往生出来ないでしょう。

自力他力をまとめてみますと、いろいろ誤解があります。例えばこの本を読むことがすでに自力ではないのか。念仏をするのも私が声を出しているのだから自力ではないか。お寺にお参りをするのも自分の足で、意志で来ているのだから自力ではないのか。自力他力はそんな場面で言っていることではないのです。人間の日常の行為すべて自分の責任で考え行います。自力のはずなのに、その場面に他力を入れるから他力本願などと言う言葉で、人任せの場面が出てくるのです。だからその他人に騙される。日常の社会生活は、自力で自己で責任をもって、動いてください。社会生活上の援助が必要な方はそれなりに他人の援助を受けることは、たしかに他力ですが、それは生活上の事です。

仏教での自力他力は、後生を問題としているのです。後生という言葉は、この生命が終わった時の問題です。人には寿命があります。いつか来るその終末の先の行く末です。仏教でもほかの宗教でも生命が終わって後の事を問題にします。現代社会の方々の中にはこの生命が終われればお終いで、後は何もなしという、ニヒルな生の感覚を持つ方もあります。そういう生き方の中では、自分の身の回り以外の他人に対する愛もない、誠実さも必要ない、道徳も、政治も自分の範囲で考える在り方になってしまいます。人間としては寂しい、悲しい空虚な在り方ではないでしょうか。人間という形をした動物でしかないのではないでしょうか。身近な犬、猫をみれば、そういう生き方をしています。責任も、文化も、義務も、道徳も、未来も、過去もない、今の自分の欲望しかない生き方です。仏教も今を大切にします。しかしそれは我欲をふりまわす在り方を肯定して言っているのではありません。

後生の問題は、決して命が終わった後の問題ではないのです。自らの生きる在り方、生き方が問われるのが後生の問題です。浄土に往く、極楽に往く、地獄に往く、輪廻転生する、なんでもよろしい、そういう後生が組み込まれた人生には、人間が持つ豊かさ、誠実さが出てくるものです。

この間、ある本を読んでいましたら、ウォール街の魔女と呼ばれた方がいて、本人はけちな生活をしながら、投機で儲けて一兆円にならんとする財を成したという話でした。それも人間の生き方でしょう。けちだから、金をためたが、家庭的には不幸なようでした。息子の病気の手術にもろくに金を出さなかったとか、名前は残りましたが、財産は死後ほとんどが政府に没収されたそうです。一方では借金や情のもつれで自裁される方も後を絶ちません。その人たちは命の果てに浄土、極楽に往くと言い残されますが、そのような、自己の主張をしている方に浄土はありません。

極楽も浄土も同じ所を示すのですが、親鸞聖人はあまり極楽という言葉は使われません。浄土とされています。その浄土は曇鸞大師の『論註』に「ただかの国土の楽を受けることたくさんあるを聞きて、楽の為の故に生ずることを願ずるは、またまさに往生を得られない」とあります。阿弥陀如来の願はすべてをとありますから見捨てられていませんが、広大なこの世も含む浄土の端っこの方に往生するのです。そして五百年ほどすると悟りが開ける。ご和讃には、「仏智疑惑の罪ゆえに　五百歳まで牢獄に　固く戒めおはします　これを胎生とときたまふ」とあります。仏の智慧を疑うものは五百年牢獄に入るようなことだというのです。

また自力他力を、自分の力、他人の力、人間の力と理解すると誤解を生じます。自分の力、自力で極楽浄土には往けませんが、他人の力でも同じです。偉いお坊さんにお経をあげてもらったからと安心される方がいますが、そのお坊さんが偉くても、それを私にくださるお力はありません。仏教のお悟りは戒を守り、善根功徳を積み禅定にいそしむことで、煩悩を滅却して智慧が生まれてきて、悟りが得られますとなっています。お坊さんにはそういう結末があっても、それを他人には渡せません。仏になった人は御釈迦様以外には誰もいません。人間の自分の力では悟りは得られません。だから仏でなければ人は救えないのです。

さらには自力で実行する力もないのがわれわれの存在です。如来の本願力に救われてのみ真実報土に往生出来るのです。それが他力です。

「ひとすじに具縛の凡愚・屠沽の下類、無礙光仏の不可思議の本願、広大智慧の名号を信楽すれば、煩悩を具足しながら無上大涅槃にいたるなり」ここに煩悩がありながら、往生する姿を示すお言葉があります。ひとすじには無礙光仏の不可思議の本願、広大智慧の名号にかかる言葉です。先ほどまでは念仏、名号ということを言い、今度は本願という言葉が出てきましたが、これは同じことです。誓願を離れた名号はなく、名号を離れた誓願はない（末灯抄）というお言葉があります。下類と呼ばれる存在であっても無礙光仏の不可思議の本願、広大智慧の名号を信楽すれば、真実報土へ往生し、直ちに悟りを得て、無上大涅槃に至る。煩悩を具足しながらも無上大涅槃に至るなりです。

「具縛の凡愚・屠沽の下類」という言葉は、元照という、中国の北宋十一世紀ころの方の『阿弥陀経義疏』に使われた表現です。

「具縛はよろづの煩悩にしばられたるわれらなり。煩は身をわずらはす、悩はこころをなやますといふ。屠はよろづのいきたるものをころし、ほふるものなり。これはれふしといふものなり。沽はよろずのものをうりかふものなり、これはあき人なり。これらを下類といふなり」、よろづの煩悩に縛られているのが我らです。元照は一六七種の煩悩を挙げていますが、身をわずらわす煩を持ち、心を悩ますものを持つのは我ら、すべての者の在る姿でしょう。身と心に分けたのは玄奘三蔵といわれます。

屠（と）は漁師、猟師など生き物を殺し、屠（ほふ）るものです。前にお話をしたかと思いますが、仏教の大原則として殺すなというのがあります。しかし現実はそれをして生活をする者がいて、社会的にはそういう存在も必要です。しかし仏教の大原則に反する生き方ですから、普通には救われない存在であります。ここの表現で言えば、下類なのです。

親鸞聖人がご活躍になられた時代は、武士が力を持ち始め、武によって勢力や利益を握ろう、武力で殺してでも権力を握ろうとする時代の在り方です。武による権力の掌握が、日本の歴史の上でのおおっぴらに始まった時代です。鎌倉、室町、戦国、江戸へとこの頃から数百年間続きます。それがなくなるのは警察力が国や政府によって権力が握られ、仇討ちであっても殺人はいけないことになりました。といっても殺人はなくならないのです。今日、動物も魚もある種類のものは絶滅しかけています。日本近海の水産物の資源減少が問題になっています。二酸化炭素の削減には原子力を利用するか、それをやめて何かを開発していくか、じわじわと人類の生活が脅かされてきています。世界的な問題でしょう。それは直接には我々が手を下していませんが、手を下さないにしても利用する人々がいるのであり、きっても切れない関係で我々もその仲間です。

法然上人は美作国稲岡荘に生まれ、父の漆間時国はその久米郡の押領使（久米郡を治める政府の役人）でした。ところが同じ稲岡荘の預所という、新興勢力者であった明石定明に攻められ、命を失います。その政治的社会的背景は昔の役人として支配していた漆間時国に対して、新しく支配を広げようとする武士の明石定明との政治的権力争いであり、いわゆる日本史に於ける武士が台頭する時代の方です。

しかし法然上人の父漆間時国は一人息子の少年法然を前に仇討ちをするな、出家して菩提を弔ってくれと言い残して死にました。仇討ちをすれば、また打ち返しと限りがないことを説いたと伝わっています。

『平家物語』で、一の谷合戦、熊谷次郎直実は武功を探して、ちょうど海の中へ逃げていく平家の武将を見つけて、逃げるな武士として卑怯であろうと呼び戻し、一騎打ちをして組み伏せた。兜を取り払っていざ首を切ろうとしたら、若い、自分の息子と同じ年頃なので、首をはねられない。逡巡としていた。しかしほかの源氏の武将が来たら、首をはねてしまうであろう。功績もその者に代わってしまうと涙して首をはねた。その若者が十八歳の平敦盛とは後で知るのですが、涙した熊谷直実は法然上人に助けを求め出家しました。熊谷直実はたくさん人殺しをしてきたのでしょうが、さすがに若い武将の命まで奪ったことに慚愧の心が生じたようです。直実にもその年頃の息子がいて、戦の中、行方不明になっています。

沽（こ）というのは、酒を売る店でした。原酒に水を混ぜて売るのが昔の酒屋の販売方法です。すると薄くしたり濃くしたりは酒屋の一存です。信用ならない話で、商人は信用ならないというのが昔の通り相場でした。この商業が大きく発展してくるのも鎌倉時代からです。したがって商人はうさんくさく見られて当然の時代でした。日本において商業道徳が生まれるのは江戸時代後期です。いわゆる近江商人の三方よし（買ってよし、売ってよし、世間よし）がその在り方ですが、それまでは、うさんくさく見られていた存在であり嘘と偽りがまかり通っていた社会でした。現代でも怪しげな商売はあるようですし、浮き沈みの多い世界です。

屠沽（とこ）の下類という言い方は、現代社会では職業差別につながるような表現ですが、時代背景を理解すべきでしょう。そして、いま私どもは、昔なら屠沽が下類と呼ばれていた方々のおかげで、生活が成り立っているということは、その方々と同じレベルにいる存在ではありませんか、五戒、十戒すら守れない、守らない存在です。よろずの煩悩に縛られたる我らなりという受け取りが重要なことです。そういう受け取りがないと、職業差別と受け取られますが、屠沽の下類に同じ存在という事実、現実を見るべきでしょう。屠沽の下類と見下している心があっては往生出来ないのです。

㋭　瓦礫を黄金に　（『唯信鈔文意』）

「能令瓦礫変成金」といふは、「能」はよくといふ。「令」はせしむといふ。「瓦」はかはら

といふ。「礫」はつぶてといふ。「変成金」は、「変成」はかへなすといふ。「金」はこがねといふ。かはら・つぶてをこがねにかへなさしめんがごとしとたとへたまへるなり。れふし・あき人、さまざまのものはみな、いし・かはら・つぶてのごとくなるわれらなり。如来の御ちかひをふたごころなく信楽すれば、摂取のひかりのなかにおさめとられまいらせて、かならず大涅槃のさとりをひらかしめたまふは、すなはちれふし・あき人などは、いし・かはら・つぶてなんどをよくこがねとなさしめんがごとしとたとへたまへるなり。摂取のひかりと申すは、阿弥陀仏の御こころにをさめとりたまふゆえなり。文のこころはおもふほどは申しあらはし候はねども、あらあら申すなり。ふかきことはこれにておしはからせたまふべし。この文は、慈愍三蔵と申す聖人の御釋なり。震旦には恵日三蔵と申すなり。

瓦礫を金に変換するは本願力なりということです。金は黄金です。銀をしろがねといい、金をきがね、黄金です。変成はかえなす。瓦礫は何年たっても金にはなりませんが、それを能（良くとかできるという意味）令はせしむ、能令でよくできる、せしめる（させる）という意味になります。瓦礫に例えられる、屠沽の下類を、速やかに無上大涅槃のお悟りに至らしめ給うのは十八願の本願力により、せしめたまうということです。

『歎異抄』に「海・河に網をひき、釣りをして、世を渡るもの、野山にししをかり、鳥をとりていのちをつぐともがらも、商いをし、田畑を作りて過ぎる人も、ただ同じことなり、と。さるべき業縁のもよほさばいかなるふるまひもすべし」（十三条）という、自分も同じともがらとする自戒のお言葉がありました。

　摂取の光とは、無量寿仏の御心のうちにおさめとるということです。浄土におさめ執って、金剛の信心を得られるということです。このことを変成金と示されました。真実清浄の心無しという凡夫の心が清浄真実の信心となるのは、瓦礫が金になるようなもので、凡夫のこころが、如来の御心と同じになる、それがまさに瓦礫が金になるということです。他力の信心を如来からいただいただけでは凡夫のこころは残ってしまいます。如来の心をいただいたから、凡夫のこころと如来のこころと二つ並べてではなく、浄土では如来と同じものに入れ替わるのです。それが瓦礫が金になるということです。瓦礫を横にのけて、金が出てくるのではなく、瓦礫がそのまま金に変わる。自力の心をのけて金剛の信心があるのではなく自力の心が変わって金剛の信心となってこそ、摂取の光明におさめ執られたとなるのです。

「文のこころはおもふほどは申しあらはし候はねども、あらあら申すなり。深きことはこれにておしはからせたまふべし」、文の心を、思うほどには申し表わせなかったが、概略は申しました。ずい分お話しいただいたと思いますが、まだ話し足らんとされました。ところが深いことはこれにて推し量りくださいとされました。この八つの文は慈愍三蔵のご解釈の文です。慈愍三蔵は震旦（チャイナ、中国）では恵日三蔵といわれています。

㈠　難行か易行か　（『唯信鈔』）

龍樹菩薩の『十住毘婆沙論』のなかに「仏道を行ずるに難行道・易行道あり。難行道といふは、陸路をかちよりゆかんがごとし。易行道といふは、海路に順風を得たるがごとし。難行道といふは、五濁世にありて不退の位にかなはんとおもふなり。易行道といふは、ただ仏を信ずる因縁のゆえに浄土に往生するなり」といへり。難行道といふは聖道門なり。易行道といふは浄土門なり。わたくしにいわく、浄土門に入りて諸行往生をつとむる人は、海路にふねに乗りながら順風を得ず、櫓をおし、ちからをいれて潮路をさかのぼり、なみまをわくるにたとふべきか。

引用されている龍樹菩薩の『十住毘婆沙論』の文ですが、「阿惟越致地（菩薩の第一段階である不退の位）に至るには、諸々の難行を行じ久しくして、すなはち得べし」とあります。するとお弟子でしょう「もし諸仏の所説に、易行道にして、疾く（はや）阿惟越致地に至る方便あらば、願わくばためにこれを説きたまえ」というのです。龍樹菩薩は叱って（しか）います。「汝が所説の如きは儜弱怯劣（弱弱しく、意思が劣った）にして、大心あることなし」とされました。その言葉の後に、「必ずこの法便を聞かんと欲せば今まさにこれを説くべし。仏法に無量の法門あり、世間の道にも難あり易あり。陸道の歩行はすなわち苦しく、水道の乗船はすなわち楽しきがごとし。菩薩の道もまたかくのごとし（このようである）。あるいは、勤行精進のものあり。あるいは、信方便、易行をもって早く阿惟越致に至るもの在り」とされました。難行と易行があるということです。そして、たくさんの仏の名、菩薩の名を挙げられ、そこで「憶念し、恭敬し、礼拝してその名号を称すれば、阿惟越致に至ることを得る」とされました。

この挙げられているたくさんの仏名は現に『仏名経』というのがあって、始めから終わりまで仏の名ばかりが書かれているお経があります。それを読み上げる儀式もあるのではないかと思いますが、他の宗のことですので、確認は出来ていません。実際読んでも学校の出席簿を読んでいるようで、つまらない経です。『十住毘婆沙論』では、多くの仏名の中では、阿弥陀仏に関する記述が多いのです。しかし、難行と易行を、聖道門と浄土門という言葉に結び付けることは、龍樹菩薩の言葉にはありません。

後の天親菩薩は、阿弥陀仏の異名である、尽十方無礙光如来に帰依いたしますと易行を選ばれ、そこには五つの念仏の方法（五念門）があると、述べられました。それは読誦、観察、礼拝、称名、讃嘆供養でした。次の曇鸞大師は難行道、易行道と道を付けられて、自力で、仏道を歩み結果を得るのは難しい。信仏の因縁をもって、仏の願力に乗じて清浄の土に往生する。このことこそ大乗仏教の極致であるとされ、天親菩薩の五念門が、阿弥陀仏の浄土に往生する行であり、通過する門であるとされます。さらに道綽禅師は、『安楽集』を著して、難行道・易行道を聖道門と浄土門に結び付け、聖道門は難行、浄土門は易行とされて、釈尊を離れた時代だから、これからは浄土門の時代であるとされました。

ここを取って聖覚法印は難行道、易行道の区別と聖道門は難行道、浄土門は易行道とされ、それぞれを結び付けて説明なさって、そして浄土門に入りて、諸行で往生に努めるのは海路に船に乗りながら順風を得ず、櫓を押し、力をいれて潮路を逆のぼり、波間を分けることに例えるべきか、とされています。

真宗でも、多くの説法でこのことはよく話され、聞くことが多いのですが、聞いている方のイメージとしてはこの両者の違いが、大した違いではないかのように思われます。まず聖道門のイメージですが、修行をしているお方を見て、大変だな、私には出来ないなと受け止められて、だから浄土門を、念仏を選ぶことにしようとされる。方向としては間違いではありませんが、選択が軽いことを感じます。道を歩いて行くより、船に乗る、乗り物に乗る方が楽ちんで、早く到着するという程度の受け止めでは軽すぎます。私は山登りが好きで登山をします。楽な山道もありますが、よじ登らなければならない場合もあります。よじ登るということは、手を放し、足を踏み外したら落ちます。また一からよじ登らねばなりません。聖道門の修行というのはそれと同じです。油断をしたら落ちるのです。大けがをするのです。しかも一からやり直しです。前に破戒の者も救うという話がありました。破戒ということは修行者が、崖から落ちたのです。そういう命がけで修行するのが聖道難行という修行です。それに対して、易行道というのはロープウエーに乗ることで登ることが出来ますということです。乗るということは、人の能力の差は全く関係なくなりますね。自力は全くないですね、ロープウエーは、仏様です。乗せていただくに何の努力も要りません。そして楽に行けるので楽を強調されますが、それよりも本来、目的地に行くことが出来ない私が往ける、能力の違いは全く問題にならないということが有り難い事ですし、大切なことです。一方、難行道というのは、凡夫にとってはもともと不可能な方法なのです。一生の時間では足りないといわれています。ちょっとでも踏み外したら、また一から始めねばならないのです。

私どもが普段に見聞きしている修行程度では仏に成れない、しかし何らかの努力をしなければいけないのではないか。またなにか努力をしたいと思う方はたくさんおいでになります。ここが真宗の教えのむずかしいところです。

ⓣ　専修か雑修か　（『唯信鈔』）

つぎに念仏往生の門につきて、専修・雑修の二行わかれたり。専修といふは、極楽をねがふこころをおこし、本願をたのむ信をおこすより、ただ念仏の一行をつとめてまったく余行をまじへざるなり。他の経・呪をもたもたず、余の仏・菩薩をも念ぜず、ただ弥陀の名号をとなへ、ひとへに弥陀一仏を念ずる、これを専修となづく。雑修といふは、念仏をむねとすといへども、また余の行をもならべ、他の善をもかねたるなり。

さらには念仏で往生する浄土門について、専修、雑修の二つの在り方があります。この区分をなさったのは聖覚法印や親鸞聖人の師匠である法然上人で、『選択本願念仏集』（三選の文あるいは二行章）にそのことが述べられています。それに基づいて聖覚法印は話を進められます。

専修といふは、極楽を願う心を起こし、本願をたのむ信を起こすことにより、ただ念仏の一行を務めてまったく余行を混ぜないことです。他のお経・呪述をも保つことなく、ほかの仏・菩薩をも念ぜず、ただ弥陀の名号をとなえ、ひとえに弥陀一仏を念ずる、これを専修となずく、とされています。そして雑修とは念仏を旨とするといえども、加えてほかの行も並行して行い、ほかの善といわれるものも兼ねて行うことです。だから専修の方がいいのです。

このニつのなかには、専修をすぐれたりとす。そのゆえは、すでにひとへに極楽をねがふ。かの土の教主を念ぜんほか、なにのゆえか他事をまじへん。電光朝露のいのち、芭蕉泡沫の身、わづかに一世の勤修をもちて、たちまちに五趣の古郷をはなれんとす。あにゆるく諸行をかねんや。諸仏・菩薩の結縁は、随心供仏のあしたを期すべし、大小経典の義理は、百法明門のゆふべをまつべし。一土をねがひ一仏を念ずるほかは、その用あるべからずといふなり。

なぜ専修がすぐれているのか、ひとえに阿弥陀仏を念じるほか、なにのゆえにほかのことを混ぜるのか。電光朝露の命、芭蕉泡沫の身ではないですか。電光はいなびかり、朝の露とは夜露は日の出とともに消えていきます。芭蕉は葉っぱが大きく、見た目は立派なようですが、風に破れやすく枯れてしまいます。そのような短い時間に消滅する泡のような身です。そのわずかな一代の身で修行をして、五趣と呼ばれる命の流れを放れようとお考えならば、どうして、ゆるゆるといろんな修行を兼ねて行うのですか。五趣と呼ばれる命の元とは、これは仏教では三悪趣（さんまくしゅ）という地獄、餓鬼、畜生、それに修羅、人を入れて五趣と言います。天を入れて六趣、あるいは六道とも言います。生まれ変わり死に変わりして六道を転生する輪廻の世界から、脱出しようというのが仏教の目指すものです。六道輪廻からの脱出です。脱出出来なければ転生を繰り返す世界に戻りますので、今いる世界、六道の世界ということで古郷（ふるさと）とされたのでしょう。あれこれ行えば、一つ一つは徹底しません。たちまち脱出しようと考えているのに、不徹底になるようでは駄目でしょう。それがゆるいという表現になって、「そんな中途半端なことではなと」ということです。

諸仏・菩薩の結縁は、随心供仏のあした（心の思いに従ってお供養ができる状況になればご縁が結べる時）を期待すべきでしょう。大小経典の義理とは大乗小乗の、あるいは長短の経典の義（主張）や理（ことわり）は、百法明門（たくさんの教えが、明らかに区分して考えられるような能力）を持つゆうべの時をまつことです。「あしたと夕べ」は、そういう日を象徴しての言葉で朝晩ではありません。今は「一土を願い一仏を念ずるほかは、必要ありません」ということです。

念仏の門に入りながら、なお余行をかねたる人は、そのこころをたづぬるに、おのおの本業を執してすてがたくおもふなり。あるいは一乗をたもち三密を行ずる人、おのおのその行を回向して浄土をねがはんとおもふこころをあらためず、念仏にならべてこれをつとむるに、なにのとがかあらんとおもふなり。

せっかく念仏の門に入りながら、なおも他のことを兼ねようとする方の、その心を問うてみると、おのおのが今までやってきたやり方を捨てにくいと思うのでしょう。ある方は一乗の教え（天台の教え）を励み、ある方は三密行（密教の行）の修行をする。おのおのその行っていることを回向して（回し向け、自分の功績にして）浄土を願いたいと思う、その心が改められず、念仏に並行してそれらを行うのに、なんのあやまちがあるのか、と思っているからです。

ただちに本願に順ぜる易行の念仏をつとめずして、なほ本願にえらばれし諸行をならべんことのよしなきなり。これによりて善導和尚ののたまはく「専を捨てて雑におもむくものは、千のなかに一人も生まれず。もし専修のものは、百に百ながら生まれ、千に千ながら生る」といへり。

すぐに、仏様の本願に準じた易行の念仏をつとめないで、本願に選び捨てられた諸々の行を並べようとするのは意味のないことです。このことを善導和尚がおっしゃるには「専を捨てて雑におもむくものは、千のなかに一人も生まれず。もし専修のものは、百に百ながら生まれ、千に千ながら生る」（『往生礼讃』）とされています。

極楽無為涅槃界　随縁雑善恐難生　故使如来選要法　教念弥陀専復専といへり。

極楽は無為涅槃の界なり。随縁の雑善は恐らくは生じ難し。ゆえに如来要法を選びて、教えて弥陀を念ぜしむること専らにしてまた専らならしむ。

ここはこのような意味に読みますと示しておきます。善導大師の『法事讃』の文です。『教行信証』にも引用され、右のように読まれています。この漢文の偈は後で親鸞聖人が解釈をなさいます。

(五) 阿弥陀仏は光明なり『法事讃』文

㋑ 一心のありかた（『唯信鈔』）

随縁の雑善ときらへるは、本業を執するこころなり。たとへばみやづかへをせんに、主君にちかづき、これをたのみてひとすぢに忠節を尽くすべきに、まさしき主君に親しみながら、かねてまた疎くとほとき人にこころざしを尽くして、この人、主君にあひてよきさまにいはんことを求めんがごとし。ただちにつかへたらんと、勝劣あらはにしりぬべし。二心あると一心なると、天地はるかにことなるべし。

縁に随（したが）ったいろいろの雑善を嫌うのは、そのやっていることにとらわれてしまうからです。例えば宮仕えをするにあたって、主君に近づき、主君を信頼して、一筋に忠節を尽くすべきであるのに、実際に主君に親しみながら、兼ねて疎い遠くの関係者にも志を示して、この人が主君に会ったときに、自分のことをよいように言ってくれることを求めるようなものです。直接にお仕えするのとの良し悪しは、はっきり知るべきです。二心あるのと一心では天と地の間の違いより大きいのです。

これにつき人疑いをなさく、「たとへば人ありて、念仏の行をたてて、毎日に一万遍をとなへて、そのほかは終日にあそびくらし、よもすがらねぶりをらんと、またおなじく一万を申して、そののち経をもよみ、余仏をも念ぜんと、いづれかすぐれたるべき。『法華』に「即応安楽」の文あり。これをよまんに、あそびたはぶれにおなじからんや。『薬師』には八菩薩の引導あり。これを念ぜんは、むなしくねぶらんに似るべからず。かれを専修とほめ、これを雑修ときらはんこと、いまだそのこころをえず」と。

このこと（専修念仏ということ）で人は疑問をもちます。「例えば念仏の行をすると誓いを立てて、毎日一万遍の念仏を称えて、そのほかは一日中遊び暮らし、夜中じゅうも眠っておるのと、また同じく一万遍念仏をして、そのあと経を読んだり、ほかの仏様にもお参りをする、どちらが優れているでしょう。『法華経』に「即応安楽」という言葉があります。これを読むと、何もしないのは遊び戯れているのとお同じではないでしょうか。薬師には八菩薩の引導のことがあります。菩薩たちを念じるのは、ぼんやりと寝ているのとは同じでないでしょう。それなのに一方を専修と褒め、いろいろ努力をしている側を雑修と嫌うのはちょっと納得がいきません」と。

『法華経』の即応安楽については、『法華経』の本で該当する熟語を見つけることは出来ませんでした。ただ『法華経』全二十八品の中で、似た表現として、「安楽行品」というのがあり、それを拝見しますと「呪術をするものに近ずくな、かけごとや遊ぶ人間に近づくな、禅定の場に立て、人を非難したり、嫉妬したりするな、へつらいもいけない、能く信じ、能く読誦し、能く書写し」といった、善行のいろいろな行為が説かれていました。身口意にわたって善い行いをせよという話で、多分これをお示しなのだなと思いました。聖徳太子の『法華義疏』に「花有れば必ず実あり。善有れば必ず成仏することを表せんと欲す」とあります。その『法華経』が示す在り方から見れば、念仏だけで、あとはぶらぶらして過ごしている、夜も寝てばかりいるのは、遊び戯れているのと同じようなものであるという批判が見えます。

また『薬師』とあるのは『本願薬師経』のようですが、それには「薬師如来の名を聞き受持するもの、念じる者は功徳があって、十二神将が現れて、そのお導きで仏道を歩める」と書かれています。薬師如来を念じれば大層ご利益がある。その薬師を念じるのは、ぼんやりと寝ているのと同じではないでしょうか。それなのに念仏だけのものを専修といい、法華や薬師の信者を雑修と嫌うことは、どうしても納得出来ない、ということです。八菩薩の引導というのも調べましたが、分かりませんでした。『薬師経』とは違うお経の話ではないかと思われます。

㋺　本願の引導頼むべし

（『唯信鈔』）

いままたこれを案ずるに、なほ専修をすぐれたりとす。そのゆえは、もとより濁世の凡夫なり、ことにふれてさはりおおほし。弥陀、これをかがみて易行の道ををしへたまへり。終日にあそびたはぶるるは、散乱増のものなり。よもすがらねぶるるは、睡眠増のものなり。これみな煩悩の所為なり。たちがたく伏しがたし。あそびやまば念仏をとなへ、ねぶりさめば本願をおもひいづべし。専修の行にそむかず。

今もう一度、このことを考えてみますが、やはり専修を優れているといたします。その理由は、私どもは、もとより（根本的に）濁世の凡夫です。いろいろなことで間違いや障害、邪魔が多くあるものです。阿弥陀如来はそのことをかんがみて（見て考えて）、易行の道をお教えくださっているのです。終日遊び戯れて暮らすのは、煩悩がいっぱいあって心が乱れている、散乱増という存在の者です。夜中じゅう寝ているのは睡眠増という、ぼけたぼんやりした存在です。「夜もすがら」は夜から朝までです。昔の燈火が乏しい状態を考えると、暗くなったら寝て、夜明けも明るくなるまで寝ているのも致し方のない事かもしれませんが、ともあれこれらはすべて煩悩のたくさんあるせいです。その煩悩は断ち切り難いし、抑え難いものです。遊び終わったら念仏を称える、目が覚めたら如来の本願を思いだして念仏を称えることです。それは専修の行いに背かない在り方です。

注目することは、専修念仏といっても、寝ないでやれ、遊びもするなということではないのです。仏道には、念仏以外のことはしなくていいということです。

一万遍をとなへて、そののちに他経・他仏を持念せんは、うちきくところたくみなれども、念仏たれか一万遍にかぎれと定めし。精進の機ならば、終日にとなふべし。念珠をとらば、弥陀の名号をとなふべし。本尊にむかはば、弥陀の形像にむかふべし。ただちに弥陀の来迎をまつべし。なにのゆえか八菩薩の示路をまたん。もっぱら本願の引導をたのむべし。わづらはしく一乗の功能をかるべからず。

念仏を一万遍称えて、その後に他の経を読んだり、他の仏を崇めて拝むのは、立派なことのようですが、念仏を誰が一万遍でよいと定めましたか。やれるのならば一日中称えなさい。お念珠を手にしたら、弥陀の名号を称えなさい。ご本尊に向かうのならば、弥陀の御像に向かいなさい。そして、ひたすらに弥陀のお迎えを待ちなさい。なぜ八菩薩の教えを保つのですか。

八菩薩とは、辞典によれば文殊、観音、勢至、薬王、弥勒まではよく聞きます。無尽意、宝壇華、薬上などはあまり聞きませんが、ともあれ、ここはそういう菩薩の教えに従うことではなくて、もっぱら弥陀の本願のお力を、お導きを頼み、信頼するべきです。『法華経』にあるような雑多なことをして、お功徳をはかり願うべきではありません。一乗は『法華経』のことをいう慣用句で、『法華経』が一番優れているという表現ですが『法華経』の中ではいろいろの修行方法が述べられており、いろいろな仏が示されます。一つという意味はこの言葉にはありません。後世、日蓮上人が唱題（経の題名を称える）を主張するにあたって、法華一乗といいましたが、その時は、法華経一つと強調されました。

行者の根性に上・中・下あり。上根のものは、よもすがら、ひぐらし念仏を申すべし。なにのいとまにか余仏を念ぜん。ふかくこれをおもふべし、みだりがわしく疑うべからず。

お念仏をなさる方の性質として、上中下があります。上の専修の者は一日中、朝から夜まで、念仏を申しなさい。なんの暇があって、ほかの仏様を拝むのですか、このことをしっかりと考えてください。心を乱して、他の仏を願うという事は弥陀の本願を疑うようなことになって、いけません。

㈧　極楽と如来、涅槃界　（『唯信鈔文意』）

先ほどの「法事讃」の文の親鸞聖人の釈を見てまいります。

「極楽無為涅槃界」といふは、「極楽」と申すはかの安楽浄土なり。よろづのたのしみつねにして、くるしみまじはらざるなり。かのくにをば安養といへり。曇鸞和尚は「ほめたてまつりて安養と申す」とこそのたまへり。また「論」には「蓮華蔵世界」ともいへり「無為」ともいへり。

「かの」は阿弥陀仏の安楽浄土を指します。『阿弥陀経』に「これより西方に十万億の仏土を過ぎて世界あり。名づけて極楽といふ。この土に仏ましまします。今現にましまして法を説きたまふ。かの土をなんがゆえぞなづけて極楽とする。その国の衆生、諸々の苦あることなく、ただ諸々の楽を受く、故に極楽と名づく」とあります。この経の言葉を受けて、よろづのたのしみつねにして、苦しみまじわらざるなり。安楽浄土ともされています。その極楽浄土を安養とも言われます。

曇鸞大師は『讃阿弥陀仏偈』の題名の釈で「南無阿弥陀仏、釋して無量壽となづく、（中略）安養とも言う」とあります。これを受けて親鸞聖人の『教行信証』真仏土巻には「ほめたてまつりてまた安養ともいふ」とあり、それをここでも書かれています。讃阿弥陀仏ですから褒めるということです。
「蓮華蔵世界」という言い方は天親菩薩の『浄土論』に出てきます。蓮華蔵世界は『華厳経』や『梵網経』が示す毘盧遮那仏（ビルシャナブツ）（奈良の大仏様の本名）の浄土の名前ですが、天親菩薩が使われ、親鸞聖人は阿弥陀仏の浄土として取り入れられて、『正信偈』でも、得至蓮華蔵世界、即証眞如法性身（和訳＝『正信偈』で、蓮華の国にうまれては、眞如のさとりひらきてぞ）とあります。「無為（むい）」というのは、中国の『老子』に使われた言葉ですが、古くから仏教に取り入れられて、経の中にもたくさん出てきます。『大経』（無量寿経）では、「かの仏国土は無為自然にして、みな衆善を積んで、毛髪の悪もなければなり」とあります。無為とは動かない、変化しない、自然のままといった状況、ありさま、行為を言います。

浄土は実在している場所ではありませんとは言うまでもない事ながら、いろいろな説明の為に場所的な言い方や説明の仕方がされますので、それがここに掲げられているのです。もう一度整理しますと、極楽、安楽浄土、安養、蓮華蔵世界、無為があげられました。いろいろの言い方があるのです。言葉にとらわれず惑うことのないようにしなければなりません。さらに、

「涅槃界」といふは無明のまどひをひるがへして、無上涅槃のさとりをひらくなり。「界」はさかひといふ、さとりをひらくさかひなり。大涅槃と申すに、その名無量なり、くはしく

申すにあたはず。おろおろその名をあらはすべし。

「涅槃」とはお悟りのことですが、その様子を示すのに、場所や、在り方、状況で示します。涅槃を、無明の惑いをひるがえす、そして無上（この上ない）涅槃の悟りを開くのですが、悟りを開く境であると、これは例えば隣との境という言い方の場合は単なる区別のしるしですが、ここでの境は境地という意味で、場所的表現では環境、精神的表現では心の状態をいい、煩悩がいっぱいある凡夫の世界に対して悟りの世界として場所とも、状況ともとれる方法で示されています。いわば浄土の中身といいますか、浄土の働きとか、在り方を示し、表現するのが涅槃界ということです。無上涅槃の悟りを開く、あるいは開かれた在り方が浄土です。ただ説明上は悟りを開いたお方のいる場所的な言い方です。

「大涅槃」とは『涅槃経』にでてくることばです。大を付けて、さらにとか、高度にとか、立派なと形容しているのですが、要は涅槃と呼んでいる悟りの在り方のことです。『正信偈』でも、成等覚証大涅槃（ほとけのさとりひらくこと）と出てきます。またその後には、不断煩悩得涅槃（なやみをたたないままですくいあり）という表現もあります。その大涅槃、あるいは涅槃について、その呼び名は、無量（たくさん）にあります。詳しく申すことは出来ませんが、おろおろ（不十分にとか、少し）その名を挙げます。

「涅槃」をば、滅度といふ、無為といふ、安楽といふ、常楽といふ、実相といふ、法身といふ、法性といふ、眞如といふ、一如といふ、仏性といふ、仏性すなはち如来なり。

私どもは一言で極楽、浄土、如来といっていますが、いろいろな言い方がありそれぞれがつながっている、関連があるのです。涅槃、大涅槃、滅度、無為（先ほども出ています）、安楽（先ほども出ています）、常楽が挙げられます。これらは浄土の状態、ありさまでしょう。実相、法身、法性、眞如、一如、仏性、如来が挙げられています。これらは浄土の現れ方とか、働きでしょう。すべて浄土なのです。ありさまや、状況を示す言葉としてあるのですが、この多様な言葉に引っかかると、混乱して訳が分からなくなりますから、注意してください。言葉にとらわれないで見ていかなければなりません。すべて、浄土の様子か働きかです。

ここでは出てきませんが、天親菩薩の『浄土論』によれば、浄土にはこのような在り方でも説明されています。五種の門があって、阿弥陀仏を礼拝してかの国に生まれたいと願うのを第一の門として浄土に入り、如来の名を称し、修行をすることで浄土の中の第二の門に入り、大会衆の数（お釈迦様の説法を聞く、聴衆）に入る。さらに一心に専念して、心を静めることで第三門に入るのが蓮華蔵界に入る門とされています。そこでまたさらに修行をすることで、第四の門に入り、種々の法味楽を得る。修行も完成して、仏に成る。自利は完成する。涅槃のありさまです。すると次の五門を出て、元の娑婆に出て来て、利他の行を成就するようになる。これが本当の本来の仏の在り方です。このように浄土も多段階ある考え方もあります。そして、第四の門を入った所が、無上涅槃の悟りを開く境で、そこを『涅槃経』などでは大涅槃とも呼んでいるようです。

浄土を示す多様な言葉は、それぞれ経や論や釈（経論釈という仏教のお教えの筋）中で現れてくる言葉です。どれを取り上げても、浄土とか悟りとか同じことを表現しているのです。いや経論釈を建てる側からは、いま区分したように、場所なのか、働きなのか、状態なのかと、ちょっとニュアンスが違うとおっしゃるとは思います。その細かい研究は学匠さんにお任せします。肝心なことは、どんな言葉で表現されようと、仏法の目指すところは悟りであり、大乗仏教では加えて、利他であります。仏教はこの自行化他の在り方のみです。自分が仏に成るということと、仏に成って他を救済するということは一体のものです。これが仏教の芯、核心、根本原則です。大切なこととして心得てください。

この如来、微塵世界にみちみちたまへり、すなはち一切群生海の心なり。

「一切群生海」とは、一切とはすべて、ありとあらゆるということです。海は広い、大きいということで、一切群生のいるありさまを海に例えたのです。群生ということで諸々の命あるものと、すべての生き物となります。宗教が、対象にするのは人間ですから、すべての人々です。動物、植物を入れていく本覚思想でもって、考えてもいいとは思いますが、歴史的には本覚思想が最も流行し、人々に影響し始めるのは親鸞聖人の晩年以後の、時代としては鎌倉時代中期以後のことになります。室町時代になるとお花、お茶などで、花に仏がいるとか、仏とともに喫茶する、お道具などに仏を感じるなどが強調され、犬、猫、牛、馬などの動物、植物へ広がり、はては草木国土悉皆成仏といって、いわゆる日本文化の核心的な思考のもとになる受け取り方が出てきます。親鸞聖人のころにはまだそこまで広がっていないように思います。親鸞聖人のお考えの中にはこの広げられた本覚思想は感じられません。ただ『涅槃経』を親鸞聖人はたくさん引用されています。そこには「一切衆生悉有仏性」という言葉がいっぱい出てきますから、注目はされています。一切衆生の心には、この仏性があるとされます。それがこの「如来、微塵世界みちみちたまへり」でしょう。それは世界中に如来がおいでになる、存在していますということです。分かりやすく言えば一切群生の心、私の心、皆さんお一人お一人の心は如来ですということで、これは大切なことです。しっかり受け止めてください。

しかしそうは思いませんし、思えないのは当然であって、それは『涅槃経』でも言っているのですが、親鸞聖人も「惑染の衆生、ここにして、性（仏性）を見ること能わず、煩悩におおわれるがゆえに」（真仏土巻）とされています。煩悩があるから見えないのです。この言葉の後に、「安楽仏国に至れば、すなわち必ず仏性を顕す。本願力回向によるがゆえ」とされています。お浄土に至れば必ず仏性が現れてくる、つまり仏に成りますということです。いま私には如来がいる、如来であると言って威張ることでもないのです。みんな同じ条件です。

この心に誓願を信楽するがゆえに、この信心すなはち仏性なり、仏性すなはち法性なり。法性すなはち法身なり。法身はいろもなし、かたちもましまさず。しかれば、こころもおよばれず、ことばもたへたり。

如来であるお一人お一人の心に如来の誓願が届き、信楽するのですが、信楽というのは、間違いなく、必ず救うという南無阿弥陀仏に出会って喜ぶことをいい、その姿を信心といいますが、それは私の中の心の如来が浄土の如来の誓願を信楽するのですから、その信心は仏性と呼ばれ、それは法性であり、法身です。法身ですから、色も形もありません。だからわが思い、わが気持ちでは信心ではないから見えません、分かりません。煩悩だらけの心では及びません。話すことは出来ません。言葉もないありさまです。凡夫の心も目も及ぶところではありません。しかし見たり体験したりすることは出来ませんが、自分の心には、仏様がいる、心はお浄土、心は悟りの世界と自問することは、あなたの日常の行動をおおらかに豊かにするでしょう。生身の存在では理解しがたいことながら、わが心の内の仏性が、浄土の仏性の心を喜んで受け入れるから、浄土に生まれて往き、浄土で仏性が本来の働きをして仏に成るのです。

ここでちょっと問題がありました。それは自分の仏性と浄土の仏性と二つ存在するのかという問題です。そのことが、

この一如よりかたちをあらはして、方便法身と申す御すがたをしめして、法蔵比丘となのりたまひて、不可思議の大誓願をおこしてあらはれたまふ御かたちをば、世親菩薩は「尽十方無礙光如来」となづけたてまつりたまへり。

「この一如」というのは、浄土のことでした。その浄土から姿を現し、現すのは、本来色・形がないのが浄土でしたが、分かりやすいように手段（方便）として、身を現すのですから方便報身といいます。その報身の方が法蔵比丘と名乗って現れ、不可思議（思いもよらない）の誓願をおこして、それを成就して出現なさった形（お方）を世親菩薩は尽十方無礙光如来と名付けられてあがめられました。法蔵が阿弥陀如来に成られたのは『大経』のお話でした。その姿・形を現した仏様のことを世親菩薩はお浄土から方便として現れた尽十方無礙光如来とされます。この尽十方無礙光如来とは『大経』に説いている阿弥陀如来のことです。この時点では浄土の仏は阿弥陀如来お一人でしょう。でも阿弥陀如来がその心で作ったお浄土ですから、浄

土は阿弥陀如来の心です。いろいろな言葉で言い表されました。

この如来を報身と申す。誓願の業因に報ひたまへるゆゑに報身如来と申すなり。報と申すは、たねにむくひたるなり。

「阿弥陀如来」は報身です。ということは尽十方無礙光如来は報身です。すべての衆生を救いたいと誓願をなさって、やさしい方法として念仏を見出され、その業（縁、因縁）を因（原因として）に報いて現れ生じたので報身如来と申します。

「報」というのは種子（因）に報いたことを言い、阿弥陀如来は浄土を姿・形で現したお方ということです。どういう姿・形であると思われますか。

もうお分かりでしょう、先ほどの多様な言葉で浄土を表現されましたことを思い出してください。それらはわれわれの目に見える姿・形ではあり得ませんでした。世にある仏像の阿弥陀如来の姿・形ではありません。お念仏という姿・形です。お念仏では分かりにくいので、誰かが仏像を造りましたが、仏像が阿弥陀如来の姿ではありません。お念仏が阿弥陀如来のお姿です。

そこで、

この報身より、応・化等の無量無数の身をあらはして、微塵世界に無礙の智慧光を放たしめたまふゆゑに尽十方無礙光仏と申すひかりにて、かたちもましまさず、いろもましまさず、

無明の闇をはらひ悪業にさへられず、このゆえに無礙光と申すなり。無礙はさはりなしと申す。しかれば、阿弥陀仏は光明なり。光明は智慧のかたちなりとしるべし。

この報身から、さらに応身、化身と無数の身に（分散して生じ）現れてきて、世界中にあらゆる障害物を突き抜ける智慧の光を放射なさいますがゆえに、尽十方無礙光如来と申し上げる光であって、形も色もないのですが、その光が私どもの無明の闇を晴らして、悪業にも遮られることもないので、無礙光といいます。「無礙」は障りなし。他から遮られるような影響を受けない、障害がないことで、その光を無礙光といいます。だから尽十方無礙光の別名である阿弥陀仏は光明であり、その光明とは如来の智慧の姿と知ることです。

光は見えません。色も形もありません。しかし、その光に照らされたものを、光に照らされていることで、我々は見ることが出来るのです。このことを私に体験させてくれたのが、長野の善光寺の戒壇巡りでした。明るい日中に全く光の入らない真っ暗な廊下を手探りで歩きます。初めて体験したときは、目の不自由な方の世界というのは大変だなとしか思いませんでした。しかし今は光のない、つまり如来の光のない世界は、手探りで歩くしかないことを体験したのと同じなのだと思いました。その如来の光の存在に全く気付かずにいる世界、そういう姿なのだと思いました。

阿弥陀如来は一個体的な存在ではなく、浄土の悟りの光であり、我々の心にいつも届いている光です。それに気付いていくことが、如来の光に照らされる、いや照らされていることが見えてくるということでしょう。浄土の光が我々一人一人の心を照らしているということに気付くのが信心の姿です。阿弥陀様とご一緒、南無阿弥陀仏という姿です。自分の仏性と浄土の仏性と二つは一つです。このように受け入れていくことが、仏教や真宗の信心についての大事なことであります。

極楽、無為、涅槃界と呼ばれる世界には縁にしたがった、種々の善行だけでは往生しがたいであろう。だから「弥陀は念仏という大切な、容易な方法を選び出して、もっぱらに弥陀を念ずることを教えてそのことをもっぱらにされました」という意味です。

最初の極楽無為涅槃界のご説明が、浄土真宗の浄土観を示す深いお教えでした。仏教界ではいろいろな言葉を使って浄土を説明しますが、容易には理解出来ないありさまで、まさにいろいろな説と教えが混在しています。浄土とかお悟りとか、各宗の僧の方はご理解されているのでしょうが、なかなか一般に理解されることは難しいです。文字は難しくないのですが、その内容は理解しにくいのです。理解も頭の中では簡単ですが、身がそのようには動かないのです。

一般に、お浄土のお話をすると、Aさんは、人間死んだらお終いで、浄土も地獄もあるものか。

まあこの世に地獄はあるなといいます。Ｂさんは、死後の世界はあるかもしれないが、霊魂があるとか、それがどうなるのかは分らん。Ｃさんは、地獄とか極楽、天国はあるだろう、ほとんどの宗教が言うから。ただ死後の世界を科学的に証明出来ないからそれは想像の世界でしかない。Ｄさんは、極楽浄土へ往きたいのでお話は聞くのですが、何をどうやったらいいのか分からない、といった反応です。

お浄土を意味する極楽も、無為も涅槃界も、安養も常楽も、その他、お悟りを示す實相、法身、法性、眞如、仏性、如来と仏の世界を示す言葉は数々あれども、みな同じ世界を指しています。仏の世界は姿・形のない世界です。その世界は、煩悩の身では見えません、分かりません、でも世界中に満ちみちています。今ここもその世界であり、煩悩のわが身にも仏はいるのです。

その仏や仏の世界を、わが心に受け止めていく在り方として、浄土の教えが語られ、阿弥陀如来の話が語られているのです。衆生すべての者に、お気付きなさい、あなたは仏とともにいるのです、仏の光の中にいるのです。南無阿弥陀仏と届けてくださっているのです。それを素直に受け取って、南無阿弥陀仏とお念仏してください、とされています。

「南無阿弥陀仏と言ってみましたが、何も変わりません」とは少し生意気になった子どもがよく言います。言葉も極楽よりは浄土の方がいいと思います。こころの清い世界という事です。

すると生意気な子も少し理解します。
浄土の教えは、念仏往生です。それは弥陀の名号を称えて浄土に往生をするという在り方です。弥陀の名号を称えるのは、本願に準ずる行為ですから正定の業（正しい行い）となります。名号を称えるのがどうして仏の本願にかなうのか、そのことは『大無量寿経』のお話にあるように、法蔵比丘が、菩提心を起こして衆生利益するために、清浄な国土を造りたいと、二百一十億の諸仏の浄土を見て、それらの良いところを選び取り極楽世界を建立なさいました。さらにそこへすべての衆生を導く方法を五劫の間に考えた結果、無条件で私の名前、阿弥陀の三字を称えることを因になさいました。だから、念仏は本願に基づく行為です。

㈡　法は名号なり　（『唯信鈔文意』）

「随縁雑善恐難生」といふは、「随縁」は衆生のおのおのの縁にしたがひて、おのおののこころにまかせて、もろもろの善を修するを極楽に回向するなり、すなはち八万四千の法門なり。これはみな自力の善根なるゆゑに実報土には生まれずと、きらはるるゆゑに「恐難生」といへり。「恐」はおそるるといふ、真の報土に雑善・自力の善生るといふことをおそるるなり。「難生」は生まれがたしとなり。

私たちが仏教を知り、学ぶのは、確かにどなたかとのご縁によって始まり、いろいろとつながっていきます。それが随縁でしょう。仏教を学ぶ基本には「七仏通戒偈」があります。白楽天という中国の有名な詩人は、地方の役人でもありました。ある時見回りをしていますと、樹の上で座禅をしている坊さんがいました。鳥架禅師という方でしたが、白楽天は知りません。「おい危ないから降りてこい。なにをしているのだ」「仏教の座禅をしている」「仏教とはどんな教えだ」「諸悪莫作、衆善奉行、自浄其意　是諸仏教」（諸々の悪をなさず、すべての善を行い、自らのこころを浄めよ、これが諸仏の教えである）と鳥架禅師が答えたところ、白楽天は「そんなことは三歳の児でも分かっている。仏教はつまらん教えだ」と言った。すると樹上から「その次の文言は八十の老人にも出来まい、自浄其意だ」と言ったのです。それを聞いて、白楽天は納得したというエピソードです。この七仏通戒偈文は『法句経』に出てきますので、古くから言われている文言です。「自浄其意」に白楽天は納得したのですが、今、親鸞聖人の解釈文に「もろもろの善を修する」とありますように、仏教入門としては善いことをするのが基本です。その善いことや悪いことを自分の思い込みで、あるいは縁のあった方の指示で決めてしまいます。そして良いことをし、良いと思うことに努力を重ねて、その努力で浄土に往ける、悟りを得られると思うのです。そういう善行を極楽往きの因として回向する、回し向けています。つまり善と悪の発想は自分の考えや縁者の考えをもとにしています。仏の言葉を聞いての良しあしをいってはいないのです。そのことは自分の考えを仏に押し付けていることになるのではありませんか。

仏教に八万四千の法門があると伝統的に言います。それは数字ではなくたくさんのという意味ですが、みんなが勝手に、これ良しこれ駄目と考えている、それが八万四千という言葉になるのです。それは仏の願いと一致するところもあるかもしれませんが、仏の願いと自分の思いはすべて一致しているでしょうか。宗教上の善悪は人間の、人生での倫理上の善悪ではなく、仏の願いとの関係を考えなければなりません。人間の善悪は、人と所と時間で変わります。嘘を言う、人を殺すなどを考えてみてください。

『大経』に書かれていた如来の本願（ねがい）は、わが名を称えよ、でした。念仏往生は仏の本願に準じて、弥陀の名号を称えて往生を願うなり。それだけでいいのに、それ以外の善と悪を自分の思いで付けている。そんな付録はいらんということです。

「これはみな自力の善根なるゆえに実報土には生まれずと、きらはるる」のきらわるるは、なにを嫌うのかというと、今申した付録を嫌うのです。仏の教えがある所へ、人は自分の思いを付け加えている。ある者が良いと思っても、他人は嫌うこともあり、すべての人に良いとは限りません。まして、仏の願っていることとは違っていますから、いらないと嫌われるのです。

「恐はおそるるといふ」このおそるは、怖いという意味ではなく心配している、恐れがある、例えば台風が上陸の恐れがあるという言い方をしますが、そういう意味合いのおそるです。おそらくは浄土に生まれ難いということです。真の報土には雑善・自力の善で生まれるというふうに思い込んでしまうことを恐れているのです。それは違いますとされています。この恐れるは心配しているのです。

「故使如来選要法」といふは、釈迦如来、よろずの善のなかより名号をえらびとりて、五濁悪時・悪世界・悪衆生・邪見無信のものにあたへたまへるなりとしるべしとなり。これを「選」といふ、ひろくえらぶといふなり。「要」はもっぱらといふ、もとむといふ、ちぎるといふなり。「法」は名号なり。

「選」は選び取りてあたえたまへるなりです。広く選ぶとされています。

「要」にもっぱらと意味付けられたのは辞典にない解釈ですが、大切な、要(かなめ)の、必ずという意味はありますから、そこからこれひとつ、もっぱらとされたのでしょう。「要」には求むという、契るという意味があり、それらすべてを合わせて考え、さらに法は名号なりも考え合わせると、要をもっぱらとされる背景が出てきます。名号は必ず、大切な必要なことであり、お約束（法）が含まれたものです。もっぱらひとつのものということになってきます。

　そしてお釈迦様は、お経（説法）ですでに浄土は出来上がっていて、十方の諸仏が素晴らしいところだと褒めて、念仏をして、勧めておいでになりますと述べられているのです。『阿弥陀経』はそれが述べられているお経です。そして、五つの濁りが渦巻く悪い時代、うごめく邪見の者、無信の者たちよ、十方の諸仏が、褒めたたえ、勧めている浄土を願い、その十方諸仏の称える念仏に合わせて念仏しなさい、と勧めているのです。諸々の善い教えの中から、念仏というすばらしい善い法（教え）を選ばれたそれをお勧めです。五濁とは劫濁（総合して時代の混乱）、見濁（意見の混乱）、煩悩濁（煩悩が盛んになる混乱）、衆生濁（そういう煩悩に悩まされる混乱）、命濁（寿命がちぢまる混乱）の時代を言います。悪時、悪世も同じことを別の言葉で言っています。この世の地獄はいつもある。そういう世界でしょう。ご和讃では、「五濁悪時悪世界　濁悪邪見の衆生には　弥陀の名号あたへてぞ　恒沙の諸仏すすめたる」とされています。

　その背景はお釈迦様の説法（お経）はまず『無量壽経（大経）』を説き、法蔵菩薩（阿弥陀如来）が、本願を建てられて、その第十八願に、わが名、南無阿弥陀仏を称える者を必ず浄土に迎えようという願がある話でした。さらにお釈迦様は、『阿弥陀経』をお説きになっています。『阿弥陀経』では、阿弥陀如来がお造りになったお浄土が出来て、すばらしい所です、行きたいと願わなければなりません。たくさんの教えがある中で選ばれて、念仏という方法を選び、それによってお浄土に往きなさいとお勧めになっているお経です。この一連の行為で、お釈迦様は大切な教えを選び、勧めていますというのです。

ホ 一行一心なれ 　（『唯信鈔文意』）

「教念弥陀専復専」といふは、「教」はおしふといふ、のりといふ、釈尊の教勅なり。「念」は心におもひさだめて、ともかくもはたらかぬこころなり。すなはち選択本願の名号を一向専修なれとおしへたまふ御ことなり。

「教」は教える、のりとも読みます。釈尊の教勅なりで、勅という言葉は、最近は死語になってますが、教育勅語という言い方で、八十年ほど以前までは有名でした。勅というのは、戒める、正す、整えるという意味があり、古来より日本の場合天皇のみことのり、おおせ、命令という意味があって、絶対に従わねばならない天皇のお言葉でした。そういう尊敬すべき、敬って頭を下げねばならないご存在のものからの命令や言葉を勅といいます。だから、仏法はお釈迦様の教勅とされたのでしょう。仏法はお釈迦様の言葉を勅として受け取ることが大切です。「念」

はこころにその勅を受け入れて思い定めて、ともかくも働かぬことです。「働かぬ」は自分の働きやその心を入れるなということです。選択本願の名号は阿弥陀仏の選択された、阿弥陀仏の願いのこもった名号であり、それを一向に専修に思い定めて、自分の思いは捨てて ただ受け入れなさいと、弥陀の願いを釈尊が教え諭され、命じているのです。

「専復専」といふは、はじめの「専」は一行を修すべしとなり。「復」はまたといふ、かさぬといふ。しかれば、また「専」といふは一心なれとなり、一行一心をもっぱらなれとなり。「専」は一といふことばなり。もっぱらといふはふたごころなかれとなり。ともかくもうつるこころなきを「専」といふなり。この一行一心なるひとを「摂取して捨てたまはざれば阿弥陀となづけたてまつる」と、光明寺の和尚はのたまへり。

はじめの「専」は、弥陀念仏の一行を修すべしであります。一行を修すべしで、ただこれひとつ行いなさいです。「復」はまた、重ねてです。次に「専」となっているのですが、はじめの専を一行として、次の専は、一心に、もっぱらなれ、二心なかれとされています。あれこれと気持ちが、そして行為が移り替わりすることがないのが専である、とお示しです。

ここで大切なことは、あなた自身が一行一心の念仏者になって、これからの話を聞いてください。他人の話ではなく、あなたが念仏する、出来るという話です。

光明寺の和尚とは七高僧のお一人である善導大師のことで、『往生礼讃』に「なにが故ぞ阿弥陀と号（なづけ）奉る。『弥陀経』及び『観経』にのたまわく、かの仏の光明は無量にして、十方国を照らすに障礙するところなし。ただ念仏の衆生を観そなはして、摂取して捨てたまはざるが故に阿弥陀となづけ奉る」とあります。『阿弥陀経』も同趣旨の文です。一行一心の念仏の衆生は阿弥陀仏が摂取して捨てません。このことは今までお話ししてきたことで申しますなら、お念仏をすることで阿弥陀様は今、一行一心のあなたと一緒においでなのです。一心一行にお念仏をすることが大事なことです。

後日談ですが、「この一行一心なるものを摂取して捨てたまはず」ですから一念で善いという一念派と、そういうお働きのある念仏であるからたくさん念仏するのが善いとする多念仏派との論争が生じました。『唯信鈔』では一行一心で善いとされていますが、この一心は回数を示すのではなく一心にという信の内容を表明する言葉です。私どもが摂取され救済されるのは、十七願の成就による諸仏の称名を聞くことと、その聞くことによって私に信が生まれてきて、その信を喜び一念するのです。聞により信が生じて救われるのです。回数にとらわれる方面から回数を問われて、それに乗せられて一回と言ってはいけないのです。信心歓喜すれば念仏がでる、それは一回でも、多くでもいいのです。回数ではなく、信心です。それを姿の上で言えば一行一心の念仏衆生ということです。

㈠　横超の信心　　（『唯信鈔文意』）

この一心は横超の信心なり。横はよこさまといふ、超はこえてといふ、よろずの法にすぐれて、すみやかに疾く生死海をこえて仏果にいたるがゆえに超と申すなり。これすなはち大悲誓願力なるがゆえなり。

一行一心のお念仏は横超の信心なり、とされています。横はよこざま、超は超るです。横に超えるとはどういうことでしょう。電車、列車で例えるのが分かりやすいかと思います。各駅停車で行くか、特急に乗るかという違いです。各駅停車の横を特急は追い越していきます。そういう意味の横超です。普通は一段一段修行の成果を積み上げて仏に成っていくのですが、そういう段階をたどらないで、すみやかに速く、疾く生死の海を超えて仏果（仏という結果）に至る、それは各駅停車を横にして特急列車が追い越していく様子のように例えているのです。念仏は如来の大悲による誓願を根拠にしている力を持っており、横超を可能にしているのです。この横超という言葉は親鸞聖人の作り出された言葉です。別の著作『尊号真像名銘文』に「五悪趣を自然に断ち捨て、四生（胎卵湿化の生まれ）を離れるを横という。他力と申すなり」とあり、「横超は他力真実の本意なり」とされています。

そこで宗学では二双四重の教判として竪出・竪超・横出・横超の四重をもって、一代仏教を判釋されているとして、『教行信証』を引き出しますが、ここではそれを述べることはややこしくなるので、簡単に申します。一行一心の信心が得られれば、直ちに正定聚（衆）という菩薩の位に達し、命終われば成仏するのです。一行一心の念仏行者として特急に乗りましょう。

しかし特急列車がない時代によくぞこんな事をお考えになられたものです。裏話を考えるとすれば、比叡山を開いた伝教大師最澄が、会津の徳一師と論争をされた際に、声聞・縁覚・菩薩と三乗を踏んで、仏に成るのであるという徳一師の意見に対して、そういう迂遠な方法ではなく法華は一乗だ、真直ぐに菩薩・仏を目指すとされました。それを参考にされて横超（宗学では横に飛び出すとしています）という言葉が考え出されたのではないでしょうか。

この信心は摂取のゆえに金剛心となれり。これは『大経』の本願の三信心なり。この真実信心を、世親菩薩は「願作仏心」とのたまへり。この信楽は仏にならんとねがふと申すこころなり。この願作仏心はすなはち度衆生心なり。

一行一心の信心は、阿弥陀様が私を摂取している姿です。阿弥陀様と一体になっているのです。仏のお力を受け入れての一行一心ですから、この信心とは阿弥陀様の信心であり、当然ながら金剛心であります。金剛心は『大経』で述べる至心・信楽・欲生の三心になります。念を押しますが、摂取不捨の本願力を回向されている、受けているのです。自分の力、思いによる信心ではありません。

この真実信心は『大経』三心を受け入れている念仏の衆生ですから、阿弥陀仏のお心を受け入れた信心です。阿弥陀仏が私を摂取している如来の信心です。それが私の所に届けられている信心です。仏様には、仏に成らせたいという願作仏心があり、同時にそれは我が心の在り方としては仏に成りたいと願う心になります。

「世親菩薩」は天親菩薩のことですが、その著作の『浄土論』には願作仏心という言い方はありません。親鸞聖人には『浄土論』よりもそれを注釈した曇鸞大師の『論註』の釈を大切にされ、それを通じて『浄土論』を論じられている場合が多いので、ここもそれに基づくものと思われます。ご和讃で「天親菩薩のみことをも　鸞師ときのべたまはずば　他力広大威徳の心行いかでかさとらまし」とされていますから『浄土論』は『浄土論註』で説明解釈されていて当然でしょう。

『浄土論註』に、「三輩（積極的に仏法を学ぼうとする輩から、そういうことは考えない輩までを三つに分けて三輩としています）の者みな無上菩提の心を発さざるはなし（起こさないものはない)」。菩提心は道を求める心、悟りを求める心です。無上が付いて、最高のという意味になり、最高の悟り、それは仏のものであり、その仏の在り方を目指すものを菩提心といいます。この「無上菩提心とはすなはち願作仏心なり。願作仏心とはすなはち、これ度衆生心なり」とあります。

ご和讃で、「願作仏の心はこれ　度衆生のこころなり　度衆生の心はこれ　利他真実の信心なり」とされています。仏に成らんと願う心を願作仏心といい、自利心になりますが、それは同時に、仏に成らせたいという阿弥陀仏の度衆生の心です。ということは利他の心であり、自利と利他がこもっていることになります。そこに大乗仏教の根本である自利利他がしっかりと存在しています。そして、これらの心は摂取された者の心に生じる、それを回向されたというのであり、現れ方は衆生の心として現れ、仏に成りたい心として表現されます。衆生が自発的に得た心ではありませんから、そこには度衆生心も含まれています。

この度衆生心と申すは、すなはち衆生をして生死の大海をわたすこころなり。この信楽は衆生をして無上涅槃にいたらしむる心なり。この心すなはち大菩提心なり。大慈大悲心なり。この信心すなはち仏性なり。すなはち如来なり。

「度衆生心」は、衆生たちを無事に生死の大海を渡らせようという心であり、そういう願力が回向されていることを喜ぶのが、信楽なのです。その中には度衆生の菩提心もあるということです。それらは、私たちは摂取されたことで回向された信心として受け入れて信楽しているのです。私を無上涅槃（最高の涅槃の世界）に至らせようとする仏様の心は菩提心（仏に成りたいという心）として自利となり、同時に仏の心ですから、他の衆生を仏に成らせたいという慈悲の心、利他を具して、備わっています。この菩提心と慈悲にそれぞれ大が付いていることで、それは仏様の、阿弥陀様の御心であり、それが衆生の所に現れているということを示しています。だから信心は仏性なり。と押えられました。

この信心をうるを慶喜といふなり。慶喜するひとは諸仏とひとしきひととなづく。慶はよろこぶといふ。信心を得てのちによろこぶなり。喜はこころのうちによろこぶこころたへずしてつねなるをいふ。うべきことをえてのちに、身にもこころにもよろこぶこころなり。信心をえたるひとをば「分陀利華」とのたまへり。

ところで衆生がこの仏性である信心を得るとどうなるか「慶喜というなり」とされています。そして「慶喜する人は諸仏に等しき人となづく」とされました。『華厳経』に「法を聞きて、信心歓喜して疑いなきものは、すみやかに無上道を成らん、もろもろの如来に等し」とあります。それに従われたのでしょう。「信心を得てのちによろこぶ」のを慶、「こころのうちにたえずつねなるよろこび」を喜として、合わせて慶喜とされました。それは「うべきことを得て後に、身にも心にも喜ぶなり」とされています。弥陀の心がわが心に届いて、お救いにも、すでに預かっていると思わせられた時、その「よろこぶ心持ち」を慶といい、そして「うれしいことだと心の内で喜ぶのを喜」という。そしてそういうことなのだとお念仏が出てくるところで、それは身も喜ぶ姿になります。そのように身も心も喜ぶことになった人を諸仏に等しい人と名付けます。そういう「信心を得た人を人中の分陀利華、白い蓮」という。妙好人、最勝人、人中好人などと呼ばれます。

㋣　難中の難　（『唯信鈔文意』）

この信心をえがたきことを、「経」には「極難信法」とのたまへり。しかれば『大経』には「若聞斯経　信楽受持　難中此難　無過此難」とおしへたまへり。この文のこころは、「もしこの経を聞きて信ずること、難きなかに難し、これにすぎて難きことなし」とのたまへる御のりなり。釈迦牟尼如来は、五濁悪世に出でてこの難信の法を行じて　無上涅槃にいたると説きたまふ。

「この信心のえがたきこと」を、『阿弥陀経』の異訳の『称賛浄土経』に極めて、信ずることが難しい教えとされています。また『大経』の文末には四つの難しいことを挙げて、文中の説明のように、もしこの経を聞きて信楽し受持することは難の中の難、これに過ぎたる難はなし、と書いてあります。そしてこのことをご和讃では、「一代諸経の信よりも　弘願の信楽なほかたし　難中之難とときたまひ　無過此難とのべたまふ」とあります。

この文は諸仏が、お釈迦様を褒めたたえて、お釈迦様はこの五濁悪世に、この難しい教えを説いて、これは仏法を説くという行為がお釈迦様の行ですから、行じてとなっているのですが、五濁悪世の中で、この難信の教えを説いて、無上涅槃に至る教えをお説きになりました。お釈迦様も、私はそのような難しいことをした、とおっしゃっています。

さてこの智慧の名号を濁悪の衆生にあたへたまふとのたまへり。
十方諸仏の証誠、恒沙如来の護念、ひとへに真実信心のひとのためなり。釈迦は慈父、弥陀は悲母なり。我らがちち・はは種々の方便をして、無上の信心を開きおこしたまへるなりとしるべしとなり。
おほよそ過去久遠に、三恒河沙の諸仏の世にいでたまひしみもとにして、自力の菩提心を起こしき。恒沙の善根を修せしによりて、いま願力にまうあふことを得たり。他力の三信心を得たらんひとは、ゆめゆめ余の善根をそしり、余の仏聖をいやしうすることなかれとなり。

阿弥陀如来はこの智慧の名号を濁悪に満ちた衆生にあたえくだされました。回向されましたということです。

『阿弥陀経』の六方段で諸仏が証誠しています。真実であることを証明し、恒沙如来は護念しています。念仏をすることで守っていると説かれています。「釈迦」は慈父、「弥陀」は悲母とは親鸞聖人『行文類』の中で、徳号の慈父、光明の悲母という例えをなさって、光明と名号を父と母に例え、これがすなはち外縁ですとなさっています。光明と名号は別のものではなく、本来は一体のものですが、それぞれがいろいろに働きかけて、我々に最高の信心を開き、おこさせるているのです。

また過去久遠に恒沙の諸仏はそれぞれ世にいでてきて、自力の菩提心をおこして、たくさんの善根を修めてきた。そういう歴史と苦労の結果、教えが伝わり、今私どもは如来の願力、他力の教えに出会うことが出来たのです。

それゆえに、他力の三信心、至心、信楽、欲生の心をいただいたものは、決してほかの善根をそしったり、ほかの聖人たちを見下げたりすることはないようにしなければなりません。

遠く宿縁を慶び、一切の仏を拝し一切の教えを尊ぶように、とされています。

㈥　三心と一心

㋑　三心を具すべし　（『唯信鈔』）（『唯信鈔文意』）

次に念仏を申さんには、三心を具すべし。ただ名号をとなふることは、たれの人か、一念・十念の功をそなへざる。しかはあれども、往生するものはきはめてまれなり。これすなはち三心を具せざるによりてなり。『観無量壽経』にいはく、「具三心者　必生彼国」といへり。善導の釈にいはく、「具此三心　必得往生也　若少一心　即不得生」といへり。三心のなかに一心かけぬれば、生るることを得ずといふ。世のなかに弥陀の名号をとなふる人　おほけれども、往生する人のかたきは、この三心を具せざるゆえなりとこころうべし。

次に念仏を申すならば、三心を具えなさい。ただ念仏をするものは、誰であっても一念や十念のお勤めをなさいます。そうはいっても、往生するものはきわめて少ないのです。その原因はすなわち三心を具えていないからです。『観無量壽経』には「具三心者　必生彼国」という言葉があり、それを善導大師は解釈して「具此三心　必得往生也　若少一心　即不得生」と、三心の内一心でも欠ければ、浄土に生ずることが出来ない、とおっしゃるのです。世の中に、弥陀の名号を称える方は多いけれども、往生する人の少なく難しいのは、この三心を具していないからであると心得なさい。

『観無量壽経』にこの言葉があります。韋提希夫人は、子どものアジャセ王子に捕まり、牢獄に幽閉されます。嘆き悲しんだ韋提希は、神通力で現れたお釈迦様に号泣して訴えます。泣き止むと、苦悩のない所へ往きたいと願います。お釈迦様は神通力で、いろいろな浄土を見せます。見ていた韋提希は阿弥陀仏の浄土に往きたいと言うのです。そこで、浄土に往く修行として、積んでいくものはということで、お浄土の様子を見る方法が十三場面（十三観）示されます。しかし、それらは修行を積んだものにしかできない難しいことです。

やさしい方法は、それは、普通の人間のための方法で、まず三つの心（三心）が要ります。それを持った上での、人間の在り方を九つ（九品）に分けて説いていきます。『観経』の文を示しますと、

「若し、衆生有りて、彼の国に生ぜんと願ずる者は、三種の心を発して、すなわち往生す。なんらかを三つとする。一つには至誠心、二つには深心、三つには回向発願心なり（『観経』）。この『観経』の「具三心者　必生彼国」という言葉を善導大師が解釈されて「具此三心　必得往生　若少一心　即不得生」とされましたというのが『唯信鈔』の説です。

この言葉を親鸞聖人は『唯信鈔文意』では、どのように受け取られたでしょう。

『唯信鈔文意』の説明

具三心者　必生彼国　といふは、三心を具すればかならずかの国に生るとなり。しかれば善導は「具此三心　必得往生也　若少一心　即不得生」とのたまへり。「具此三心」といふは、三つの心を具すべしとなり。「必得往生」といふは、「必」はかならずといふ。「得」はうるといふ、うるといふは往生をうるとなり。

「若少一心」といふは、「若」はもしといふ、ごとしといふ。「少」はかくるといふ、すくなしといふ。一心かけぬれば生まれずといふなり。一心かくるといふは信心のかくるなり。信心かくといふは本願真実の三信心のかくるなり。

はじめの「具三心者　必生彼国」は『観経』の言葉です。それを善導大師は「具此三心　必得往生也　若少一心　即不得生」と者を抜いておっしゃいましたが、具此三心はこの三心を具する者、具えている者は必ず往生を得る、ということです。善導はそのあと若少一心とあり、若し一心でもすくないならば、生まれないとされます。ここの一心は先に挙げた『観経』の三つの心の内の、一つということです。ここまでは文の通り、分かりやすい話です。そこへ親鸞聖人の独自の釈が入ってきます。それは「一心かくるというは信心欠くるなり。信心欠くというは本願真実の三信心をかくるなり」、とされたところです。少をかくる（欠ける）とされ、信心が欠ける、とされました。信心という言葉は『観経』の三心の中には出てきません。「一心かくるといふは信心のかくるなり。信心かくといふは本願真実の三信心のかくるなり」とされます。信心が欠けると本願真実の三信心が欠けると。欠けるものが三信心と増えました。これはどういうことでしょう。

㋺『大経』の一心こそ

『観経』の三心をえてのちに『大経』の三信心をうるを、一心をうるとは申すなり。このゆえに『大経』の三信心をえざるをば、一心かくると申すなり。この一心かけぬれば、真の報土に生まれずといふなり。（『唯信鈔文意』）

この文によれば、『観経』の三心を得て後に『大経』の三信心を得るのが、一心を得ることであるというご説明です。一心の内容が変わってきました。一心には別の意味をもつことになります。

『観経』の三心をえてのちに『大経』の三信心を得るのが一心を得るということです、という。先ほどは『観経』の三心の一つとしての一心でした。それが『観経』の三心を得てのち、『大経』の三信心を得るのであるということは、『観経』の三心の内の一つでも欠ければ、『大経』の三信が成り立たないということです。『大経』の三心の前提としての『観経』の三心という在り方です。だから『大経』の一心を欠くというのであり、『大経』にも三信心（略すと三心）があるのです。ところがこの『大経』の三心の、どれか一心が欠ければ、真実の報土には生まれないというのですから、ここに出てきた一心という言葉が指す中身に違いがあります。『観経』の三心の一つではないし、『大経』の三信心の一つでもないのです。『大経』の三信心を一つのものとして、一心とされます。

まず『観経』には三つの心、至誠心、深心、回向発願心があります。後の部分で『唯信鈔』でも説明がありますので、簡単にどのような内容なのかを説明しますと、仏道を学ぼう、歩もうという方は、先ずこの『観経』の三心がないと、学び、歩むことは出来ませんということです。いわば、仏教の初歩の部分です。法然上人の『和語灯録』の解釈をもとに説明しますと、至誠心はまじめに、懸命に、真実の心で、ということです。深心は深く教えに帰依する、信じることです。回向発願心はその努力によって生ずる善根を極楽に回向して、一切衆生とともに往生したいと願う心です。この「観経の三心」がないと仏道を進むことは出来ない、とされています。どれかが欠ければ仏に成るとか浄土に往くとかいうことは成り立ちません。

その「観経の三心」が出発点ですが、『観経』には定善の者、散善の者という区分があり、定善、散善の両者に向かって述べられているお経です。善は仏道を歩もうとする者を褒めて付けた言葉です。定善の者は、落ち着いた心をもつ者で、観想の修行に励むことを示し、それを勧めています。散善の者は、散漫な心、究極は煩悩の多く、それがむき出しな者を対象に、観想ではなく、持戒や、読経、念仏することを勧めています。定の者、散の者ともにこの「観経の三心」が、出発点になるのですが、それは自分で考え、修行し、学びを進めて行くという、自分の思いをもって、自力でやっていく、全体としては自力で進んでいく話です。そしてその自力をもとにして、いま『大経』の教えにたどり着いて、自分の努力を基に、浄土に生まれたいと願い、『大経』の三信心を得たいと願っているのです。ところが、

『観経』の三心は定散二機の心なり。定散二善を回して、『大経』の三信をえんとねがふ方便の深心と至誠心としるべし。

「観経の三心」は『大経』の境地に至る、方便の、手段としての深心であり至誠心ですとされました。確かに「観経の三心」を出発点として、『大経』の三信心に至るのですが、その『大経』の三心には、「観経の三心」と違った、超えたものがあるということです。ともあれ『観経』の三心が『大経』の三信心の出発点だということです。

『観経』の三心と『大経』の三信心とはどういう関係になるのか、『浄土文類聚鈔』という親鸞聖人のお書きになった書があります。その書は主著の『教行信証』を略述したものといわれ

ていますが、その末尾文に問答があり、その中に『大経』の三心と『観経』の三心と、一異（おなじ、ちがう）いかが、という質問が設けられています。それに対して、「両経の三心即ち、是一心なり。一心は信心なり、専念は即ち正業なり。一心の中に至誠、回向の二心を摂在（しょうざい）（摂取して存在する）せり」と答えています。この言葉に「観経の三心」の内、至誠心と回向心とが書かれてあるが、深心がないのです。しかし『大経』の至心、信楽、欲生はそのすべてが、『観経』の深心の姿です。「観経の三心」の内の深心は深く信じることでした。それは『大経』の一心の目指す姿です。至誠心、回向発願心の二心は摂在せりとされましたが、深心に含まれています。だから、『観経』の三心は、『大経』の一心と同じであるということです。

そして、別のところですが、『大経』の三心、つまり至心、信楽、欲生は『大経』の一心という言葉でまとめられています。それは、天親菩薩が一心とおっしゃったのは『大経』の三心を分かりやすいよう三心を合わせて一心とされたという受け取り方をなさっています。『大経』の三心は一心であると受け取られたその説明は、親鸞聖人特有の転釈という方法で、述べておいでになりますが、それは煩雑になりますので、ここは結論だけ述べます。至心、信楽、欲生のすべてが、疑いのない事、疑心のない事であって、それは仏にしか出来ないから、仏の側の在り方であって、人間の在り方ではないとされています。真宗においてはこれが非常に大切なことです。そこで『観経』の三心は『大経』の三心に含み取られることになります。この含み取られるありさまを、宗学では隠と顕の語で説明するのです。つまり顕の部分では、『観経』の三心が必ず備わっていることが必要ですが、それは自力の三心です。しかし、隠の部分で、『大経』の三心と『観経』の三心は一致する信心とされています。なぜなら自力のようにふるまっている行為は、実は回向された如来の働きをもって、なされているということです。なさしめられている。この『大経』の三心とは如来が衆生に回向されたもので、衆生はそれを受け取る姿が『大経』の一心であるということです。つまり、親鸞聖人がおっしゃる一心とは、『大経』の、この如来の回向している三心がまとめられて与えられた一心であるということです。『観経』の三心が隠されて含められたのが『大経』が示す一心です。だからこの一心を他力の信心とか、真実の三心、真実信心ともいわれます。このように両者を交えたところで、少し本文が戻りますが、「一心かくるといふは信心のかくるなり。信心かくといふは本願真実の三信心のかくるなり。」ということになります。『大経』の三信心は一心であるという事です。

隠顕釈とは、仏教は基本的には自分で修行する、努力をするという部分から成り立っていて、すべての経典の立地点です。しかし自力で精進することを言いながら、それが出来ないものをどう救済していくかは、諸宗の悩みの種になります。だから別の手段が考えられていきます。

例えば、天台宗や真言宗では、加持という、修行した僧ではあるけど、つまり基本的には他人である者が修行して、祈祷力を得て、その力を参詣者に与える事が考えられていきます。この合わない、無理があるところに浄土系は、隠顕という解釈の在り方で、仏の力（他力）を持って来ているのです。

真実の三信心をえざれば、「即不得生」といふなり。「即」はすなはちといふ、「不得生」といふは生るることをえずといふなり。三信かけぬるゆえにすなはち報土に生まれずとなり。

ご和讃に、真実信心得ざるをば　いっしんかけぬとをしえたり、

いっしんかけたるひとはみな、三心具せずとおもふべし（善導讃）

真実の三信心をえざれば、一心かけるということは、得なければ欠けることは分かっているからということです。次の三心具せずというのは『観経』の三心ではないでしょうか。左訓は、『大経』の三心と注されていて、それも成り立ちますけど、言わなくても当たり前のことです、わざわざ書くことはいらない。しかも、『大経』の三心は如来の三心ですから、欠けるという心配は余計なことです。

雑行雑修して定機・散機の人、他力の信心かけたるゆえに、多生曠劫をへて他力の一心をえてのちに真実報土に生るべきゆえに、すなはち生まれずといふなり。もし胎生辺地に生れ

ても五百歳をへ、あるいは億千万衆のなかに、ときにまれに一人、真の報土にはすすむとみえたり。三信をえんことを、よくよくこころえねがふべきなり。

『観経』に見られる定、散の方々は自力の方々ですから、他力の信心が足りません。だから曠劫に、多生に、長い間、生まれ変わり立ち代わりして、ようやく他力の信心を得てのちに、本当のお浄土に生まれるので、（すぐ）生まれないといいます。もし閉じ込められたところや、お浄土の端っこに生まれても五百年後になりますとか、あるいは億千万のたくさんの人の中には稀に一人ぐらいは、真実の浄土に生まれますが、稀なことです。『大経』の三信心を得るということをよくよく考え、生まれることを願いなさい。三心を具せざる、三心をそなえていない、あるいは持っていないから、往生する人が少ない、難しいということです。

そこで親鸞聖人は、そのことを説明するにあたり、『観経』の三心は『大経』の三心に含まれるものであり、その『大経』の三心は一心にまとめられている。よって、一心が欠ければ往生出来ないとされました。聖覚法印がおっしゃるのは『観経』の三心は大切であり一心でも欠けてはいけない。それは『観経』の三心が三つの内の一心が欠けてもいけないとされているのですが、親鸞聖人は『大経』でいう一心が欠けては往生出来ないとされ、一心の示す内容の違いを『観経』の三心は『大経』の三心に含んでおり、『大経』の三心はまとめて一心とされるのです。だから『観経』の一心が欠けることは『大経』の三心の条件を満たさないことになるから、『大経』の一心がないのと同じで、一心が欠ければ往生出来ない、とされました。

親鸞聖人の解釈は自分のお考えに基づく主張に重きを置かれたのです。『観経』も『大経』も仏説とされるのですから、お経という点では同じなのですが、内容的には典拠にする経典を『観経』から『大経』に置きなおされ、聖覚法印の『観経』の三心の内の一心も欠けてはいけないという言葉を踏まえて、『大経』の一心が欠けては往生出来ないとされているのです。

『大経』には至心、信楽、欲生の三心があるのですが、それをまとめられたのが『大経』の一心であり、それは仏の力、他力が回向された（我々に回し向けられた）ものであり、それが欠けるということは、『大経』に示された弥陀回向が欠けていることであり、そのことは往生のために自力を頼ることになり、往生出来ないということであります。それは法然上人や、聖覚法印の言葉では明確でなかった他力往生の宗義を示されたのであります。その違いが、ここに出ていました。『大経』を基本にした教えと、『観経』の教えとの違うことを示されたのですが、それは、聖覚法印の『唯信鈔』の論旨から、踏み変えられているのです。宗義では「観経法門」と「大経法門」の違いという言い方になるのでしょう。とても大切なことです。

『唯信鈔』に戻って、聖覚法印が『観経』の三心を一つずつ解釈なさって述べておられます。

それを伺い、そこでの親鸞聖人のお考えを見ていきます。

㈧　至誠心　（『唯信鈔』）

その三心といふは、一つには至誠心、これすなはち真実のこころなり。おほよそ、仏道に入るには、まづまことのこころをおこすべし。そのこころ、まことならずは、そのみち、すすみがたし。

三心というのは、一つには至誠心という、これはすなわち、まことのこころです。そもそもが、仏道に入り、進んでいくためにはまず、まことのこころをおこしなさい。その心がまことでないならば、仏への修行の道は、進むことがむずかしいということです。

ここは至誠心の説明です。誠という漢字を使われていませんが、まこと、真実のこころとか、文字が替わることで、その内容に違いがあるのでしょう。この文では、まことのこころとか、まことであることとか、「まこと」の強調です。どんな状況、状態が、「まこと」なのでしょう。

阿弥陀仏の、むかし菩薩の行をたて、浄土をまうけたまひしも、ひとへにまことのこころをおこしたまひき。これによりてかの国に生まれんとおもはんも、またまことのこころをおこすべし。

阿弥陀仏が昔、仏に成りたいと念願して、菩薩の修行を行い、浄土をお造りになったのも、ひとえに、「まこと」の心をおこされたからであります。だから、阿弥陀仏の浄土に生まれたいと願うものは「まこと」のこころをおこすべきです、と解釈すると、まことについては何も説明がないのですが、菩薩の行をたて、ということに注目します。

菩薩の行とは何でしょう。菩薩には総願といって、どの菩薩も持たなければならない願があります。それと同時に、その菩薩として持たなければならない別願があります。それらを完成するのが菩薩の行です。阿弥陀仏の別願は浄土を建立して、すべてのものを導くということです。薬師如来の別願は瑠璃光浄土を建立して、衆生の病苦を除き安楽を与えることです。そこには薬王菩薩もいて、薬をもって、人々の心身を治療する別願を持っておいでになります。地蔵菩薩の別願は、いろいろ細かくなってちょっと複雑ですが、それは人々の悩みや苦しみの一つひとつを解決することを目指しますが、基本は苦しむ者の苦しみを身代わりになって救うこととされています。そのほかたくさんの如来、菩薩がおいでになりますが、それぞれ別願をもって、その別願を実現するように尽力されているのです。そこで大切なことはそのたくさんの別願が生じる根源に、さらに共通するものがあります。それが総願といわれるものです。

四弘誓願という言葉を聞かれたことがあるでしょう。衆生無辺誓願度、煩悩無尽誓願断、法門無量誓願学、仏道無上誓願成です。この四つの文言を菩薩の総願といって、すべての菩薩の行動の基本になるのです（『選択集』本願章）。この四つの内二句め以下は仏教を学ぶ基本です。煩悩はなくしましょう、仏法を学びましょう、仏道を歩み仏に成りましょう、ということで仏教を学ぶ者の心得る、難しいか、易しいかは別として当たり前のことでしょう。

第一句が総願の中で重要な事なのです。すべての衆生を導きます。導きますというのは仏にしますということです。これがなければ仏、菩薩に成れません。大乗仏教の根本です。出発点であります。基礎、基本です。

「まことのこころ」とはこの菩薩の出発点のこころを指しているのです。まことを漢字にすると、誠ですが、この字の意味を手元の辞典で引くと、事実よりオーバーもなければ不足もないこと、ほんとうに、実に、ということで、表記として真、実とも書く、とあります。辞典ですからあくまでも人間の心の在り方を言っていますし、その表現方法もいろいろです。

この『唯信鈔』を読めば、阿弥陀仏が浄土を設立したのは、この「まことのこころ」をおこしたからであるとされています。それは辞典の解釈のような、人間にみるのと同じ心ではないのです。菩薩としての「まことのこころ」です。だからこの四弘誓願の第一句の心です。仏の心ということです。

『唯信鈔』の説明では、はじめに至誠心といい、これはすなわち真実のこころとされ、さらに「まことのこころ」とされています。

その真実心といふは、不真実のこころをすて、真実のこころをあらはすべし。

さらにここでは、「まことのこころ」を「真実心」とされて、真実心というのは、不真実の心を捨てて、真実の心を表わすことです、とされました。

至誠心、まことのこころ、真実心、不真実の心を捨てた真実のこころ、といろいろな言葉を使われています。ずばり「まことのこころ」は仏の心と用語を定められればいいのですが、人間の心という視点が抜けきれていないというか、仏教ですから人に向かって語りかけるのですから、人の持つこころの在り方を基本にして考え、話します。そこで仏の心を表わす「まことのこころ」の代わりに、至誠心、真実心とか真実の心とか、いろいろと表現されている訳です。そう心得て後を読んでいきましょう。

まことにふかく浄土をねがふこころなきを、人にあうてはふかくねがふよしをいひ、内心にはふかく今生の名利に着しながら、外相には世をいとふよしをもてなし、外には善心あり、たふときよしをあらはして、内には不善のこころもあり、放逸のこころもあるなり。これを

虚仮のこころとなづけて、真実心にたがへる相とす。これをひるがへして真実心をばこころえつべし。

本当に深く浄土を願う心がないのに、人に対しては、深く願いなさいといい、心の内には逆に深くこの世での名誉や利益に執着していながら、外面には、世をいとい避ける様にふるまい、外面にはよき心があり、尊いことの様に表して、内面では不善の心を持ち、放逸（いい加減）のこころをも持っている。これを虚仮に心となづけて、真実心に反する姿とする。この心を翻して、真実心をしっかりと心得なさい。

末の「こころえつべし」の「つ」は強調のための助詞ですから、「心得るべし」と強くおっしゃっているのです。

人に対して言っていることと、自己のほんとうの姿との齟齬（そご）（食い違い）をきたしています。自己の内心に、不善の心、放逸の心もあるのです。これを虚仮（こけ）の心として、それを翻し、真実心を心得よ、と強くおっしゃっているのです。自己の心への深い追及が叫ばれるのですが、ここで捨てよといわれているのは不真実の心を捨てよ、です。翻せといわれていることも人間の虚仮の心を翻せと言われています。

虚仮の心とは、嘘偽りの心ということ、それは他人に向かって、善人ぶる心です。聖覚法印の文にあるようにあらわに、他人に対して善人ぶるのは、確かに嘘偽りの虚仮の姿ですが、その意識しての嘘偽り、虚仮は当然ながら、無意識の虚仮もあるでしょう。無意識だと逃げることが許されるか、立派なことを他人には勧めていて、本人の心の内はどうなのですか、と聖覚法印は言われます。ここで真実心を心得よといわれているのは、人間の真実の心のことのようです。努力するこころとでも言いましょう。しかし私たちの日常の在り方は、究極のところでは自己の保身、自己の利益がやはり底辺に存在しています。ですから、「まことのこころ」で示される仏の心はそこには存在していません。

私たちの日常に、よくあなたの言うことは分かる、と言って理解し合う場面が見られますが、本当にそうでしょうか。その部分のその事態に対して、あなたの言うことは分かる、その通りだ、同じ気持ちですと言われますが、だからといって、お互いの心のすべてが共通するのでしょうか。別々の人間ですね、一歩離れたら違う世界にいます。家族、親兄弟でも心が全く一緒ということは、残念ながらあり得ないのが普通です。それは最後には人間は、自分も含めて、保身を考えて常に変わってしまう存在であるからです。だから、一方では、こんな場合も出てくるのです。

このこころをあしくこころえたる人は、よろづのことありのままならずは、虚仮になりな

んずとて、身にとりてはばかるべく、恥がましきことをも人にあらはししらせて、かへりて放逸無慚のとがをまねかんとす。

この真実の心を、悪く、不十分に、間違って心得る人は、この世のことはありのままにしなければ、虚仮ですといって、本来ならばやらないような、はずかしいことさえも人に見せ、教えて、むしろ放逸（でたらめ）な無慚（はずかしげもない）な罪を招くようなことをします。つまりは、先ほどの偽善者もいますが、露悪者もいます。

逆に自分を責めすぎて、うつ病的な症状になる方もあるかもしれません。「まことのこころ」を人間の心と捉えるところで、いろいろな間違いが出てくる。問題が出てくるのです。

いま真実心といふは、浄土をもとめ穢土をいとひ、仏の願を信ずること、真実の心にてあるべしとなり。かならずしも、恥をあらはにし、とがを示せとにはあらず。

今、真実心というのは、浄土を求め、穢土を、この世をきらい、仏の願を信じることが、真実の心です。必ずしも、恥をあらわにし、罪や間違いを示しなさいということではありません。

ここでも人間の持つ心の様子として述べられています。そこで、まことのこころとは、聖覚法印がいう、人がもっともらしく取り計らう善や悪の心という人間の心ではありません。「まことのこころ」とは仏様の心です。全ての衆生を救っていきたいという仏の心です。衆生無辺誓願度の心です。そう考えないと、人間の持つ問題性は解決しませんよね。

ことにより、をりにしたがひてふかく斟酌すべし。善導の釈にいはく、「不得外現賢善精進之相内懐虚仮」といへり。

ことと場合をみて深く考えなさい。善導大師の解釈によれば、「不得外現賢善精進之相内懐虚仮」とおっしゃっています（散善義・455頁）。

この善導大師の文を普通に読むと「外に賢善精進の相を現じ、内に虚仮を懐く」となります。外面にもっともらしく賢く良い、そして努力を重ねている姿を現しながら、心の中に嘘、偽り、虚仮をもってはならない、ということです。親鸞聖人はそれと違った読み方をされました。

㈡　内に虚仮を懐く　（『唯信鈔文意』）

不得外現賢善精進之相といふは、あらはに、かしこきすがた、善人のかたちをあらはすことなかれ、精進なるすがたをしめすことなかれとなり。

「不得外現賢善精進之相」とは、あらわに、明らかな形、姿で、賢きありさま、善人ですというありさまを現してはならない、努力している姿を示してはならない、ということです。

そのゆえは「内懐虚仮」なればなり。「内」はうちといふ。こころのうちに煩悩を具せるゆ

えに虚なり、仮なり。「虚」はむなしくして実ならぬなり。「仮」はかりにして真ならぬなり。

その理由は心の内には虚仮を懐いているからである。心の内には煩悩を具えている、持っている、外に出しているありさまは、虚であり仮である。虚というのはむなしい、実ではない。仮は仮であり、嘘である、真ではないのです。

「不得外現賢善精進之相内懐虚仮」という漢文を普通には「外に賢善精進の相を現じ、内に虚仮を懐くことを得ざれ」と読まれ、法然上人もそのように読まれています（１２３２頁）。聖覚法印も法然上人と同じ読み方をして、『唯信鈔』の引用文にされたのでしょう。ほかに賢善精進の姿をしながら、内に虚仮を懐いてはいけない。外も内もしっかりと賢善精進の姿でありなさい、とするのです。したがって「内外に食い違いのない真実の心、仏に向かって努力していこうとするまじめな心」を持ちなさいという意味になります。それを親鸞聖人は「外に賢善精進の相を現ずることを得ざれ、内に虚仮を懐いて」（２１７頁）と読まれています。読みの違いは、内に虚仮を懐いているのですから、外に賢善精進の姿をしてはならない、となります。親鸞聖人は『教行信証』信巻でそのように読まれているのです。、ここでも同じ趣旨で述べておいでになります。人間の本質が、決して考えるほど素晴らしいものではなく、むしろ除くことも出来ない煩悩だらけの存在です、という立場に立っておいでになります。真実の心、まじめな心は、ありえないという事です。この否定のままなれば、先ほどの露悪者と同じになります。表にはだしていなくても、内は悪人なのだというところに腰を据えかねません。内なる露悪者になります。しかしそうなのでしょうか。

この心は上にあらはせり。この信心はまことの浄土のたねとなり、みとなるべしと。いつはらず、へつらはず、実報土のたねとなる信心なり。

この心は既に説明しましたとありますが、ここで「この信心は」と言い換えられています。この言い換えられた信心とは、どのようなことですか、「かみにあらわした」とあります。そこで『唯信鈔』の題号の説明で、信について、述べておいでになりますので、それをもう一度見てみましょう。すると、

「信はうたがひなきこころなり、すなわちこれ真実の信心なり。虚仮を離れたるこころなり。虚は空しという、仮は仮りなるということなり。虚はじつならぬをいふ、仮は真ならぬをいふなり」とおっしゃっています。

「うたがひなき心」が信心であるということです。それは人間にはなく、仏にしかないものです。先ほどの「衆生無辺誓願度」の心が菩薩や仏の心には満ちています。人間は聞其名号の存在です。それを聞きなさいということです。

しかれば、われらは善人にもあらず、賢人にもあらず。賢人といふは、かしこくよきひとなり。精進なるこころもなし、懈怠のこころのみにして、うちはむなしく、いつはり、かざり、へつらふこころのみつねにして、まことなるこころなき身なりとしるべしとなり。

ということで、われらは善人ではありません、賢人でもありません。賢人というのは賢くて良き人のことです。精進努力する心もない、怠け心の身で、心の内は空虚で、偽り、飾り、へつらう心が常にあって、まことの心がない身であることを知りなさい。

しかれば、われらと受け止めなさいました。われらという複数での受け止めは、すべての人間はということです。まことの心なき身であるとされました。つまりは、心の底から仏に進んでいこうという、仏とおなじ心ではない身ですとされているのです。

「まことのこころは」仏(阿弥陀)の心です。そこで阿弥陀仏の心を「真実心」と表現します。「真実心」は仏の心であって、人間の心ではないとされます。これが、真宗という宗教的立場です。

人が対人関係において、相手に対する忠誠の心や愛の心など、人が持つ心として「真実の心」という表現をし、それに対して「真実心」とまとめた表現、用語にして、如来の仏の心としま す。すると人は「真実心」はないけれども「真実の心」を持たねばすごせないのです。このことを、考えなさいが、

「斟酌すべし」といふは、ことのありさまにしたがうて、はからうべしといふことばなり。

聖覚法印も斟酌（しんしゃく）すべしとされていますが、親鸞聖人もことのありさまにしたがって計らうべしとされています。

真実の心がなければ、人と人の信頼関係は成り立ちません。はじめから偽り、飾り、へつらいしかないとするならば、人間関係は最初から成り立ちません。契約関係があるとしても、それもお互いに契約内容を尊重するという了解がなければ成り立ちません。もちろん人間関係ですから、どこかで利害、自己愛がぶつかって、壊れることもあるでしょう。最初からそれがあるというつながりでは、相手に対する疑心の上に立つ関係を想定しなければなりません。「うそつき」「うらぎり」という言葉があるのは基本は信頼関係があるからではないでしょうか。人間同士の信頼関係は真実の心を必要とします。

如来に対しては、人間として真摯に真実の心で対すべき、それが如来の「真実心」に応じる在り方ですが、その真実の心は究極には持たない、持てないのが人間の姿です。仏に成れない身であるということです。これは真宗の大切な点ですが、ここの部分では、これ以上のことは述べられていませんので、指摘だけして次に進みます。

人は自己愛が抜けきれない存在であるという鋭い指摘はその通りです。まさに煩悩具足の身です。それは人間に限らない、生き物としての在り方です。ほかの生き物は、言葉を持ちませんが、正直に命が危なければ逃げます。言葉のある人間は隠す、嘘をつく、居直る等の手段で自己保存、自己利益を図ります。

本文末、「斟酌すべしといふは、ことのありさまにしたがうて、はからうべしといふことばなり」とされたのはそのような人間同士の信頼関係の在り方の事情を含んで、仏に対する在り方と、人間同士の在り方とよくよく区分して、考えなさいとされているのではないでしょうか。信は仏が真実心を持つお方であるという信です。人間は真実心は持たないが、真実心を持つ仏に対しては真実の心で接することは大切でしょう。

至誠心とは「まことのこころ」とされました。言葉を換えて、真実のこころなり。さらには「真実心をばこころえつべし」という言葉も出されました。

「まことのこころ」の意味する内容については、説明がなく、人間の「真実のこころ」はどのような内容であるのかは、浄土を求め、穢土を厭い、仏の願を信ずることが、真実の心にてあるべし。仏に成りたいこころが、真実の心であるべし、なのですが、その真実のこころとは仏と同じ心という風に考えられました。しかし、仏教の在り方という点から、仏、菩薩の心とは、四弘誓願の第一句の、「衆生無辺誓願度」であると考えられます。その仏の願を信じることのみ「まことのこころ」とされるのです。そこでは親鸞聖人は仏の心を「真実心」とされていますので、人間の心か、仏の心か、混じっていて分かりにくいのです。そこで「真実心」は仏、菩薩の心で、すべての衆生を救いたいという願がこもった言葉とし、仏、菩薩のみに使う言葉とします。そして人間がその心の誠意を示す使い方としては、「真実の心」とします。仏の「真実心」に対して人間は「真実の心」で応じることである、というのが、『唯信鈔文意』のこの部分を読んでの結論になります。

親鸞聖人は、人間は「真実心」は持てないものだよ、という意味で、人間の「真実の心」と「真実心」との一致はあり得ない。仏の心とは全く違うものであると説いておられます。『唯信鈔』では信者の心、仏に対する人の心のありようを説いているのですが、その人の心の中についての考察はあまり深く追及なされていないと感じました。

㋭　深心と回向発願心　（『唯信鈔』）

二つに深心といふは、信心なり。まづ信心の相をしるべし。信心といふは、ふかく人のことばをたのみて疑はざるなり。たとへばわがために、いかにもはらぐろかるまじく、ふかくたのみたる人の、まのあたりよくよくみたらんところをおしへんに、「そのところにはやまあり、

かしこにはかわあり」といひたらんをふかくたのみて、そのことばを信じてんのち、また人ありて、「それはひがごとなり、やまなしかわなし」といふとも、いかにもそらごとすまじき人のいひてしことなれば、のちに百千人のいはんことをばもちいず、もときゝしことをふかくたのむ、これを信心といふなり。

いま釈迦の所説を信じ、弥陀の誓願を信じてふたごころなきこと、またかくのごとくなるべし。

「深心」とは、信心です。その信心の姿を知りましょう。信心というのは、深く、人の言葉を頼んで疑わないことです。例えば、まったく腹黒いところなく、深く信頼している人が、目の前によくよく見てきた所を教えるのに、「そこには山があります。あちらには川があります」といったのを深くその方を信頼して、その言葉を信じてしまった後、また人がいて、「それはまちがっています。山はありません。川はありません」と言っても、まったくうそいつわりをするようなことのない人の、言ったことですから、後で、百人千人の言っている言葉を用いる(随う)ことなく、はじめに聞いたことを深く信じる、これを信心というのです。

いま釈迦の言うことを信じ、弥陀の誓願を信じて、二心無きことは、またこのようにあるべきことです。

まず深心が信心と文字が替わっています。深が信になぜなるのか、説明がありませんが、善導大師の『観経疏』散善義の文に「深心といふはすなはちこれ深く信ずる心なり」とあり、そのまま引用されていますので、深心とは深く信じる心ということの説明が『唯信鈔』ではなされていないのです。

そして、ここでは弥陀の本願、釈尊の言葉を深く信じることが、信心であるというふうに言っています。例え話の方は、人と人との信頼関係の説明であり、説明としては成り立ちますが、先ほども述べたように、人間の信の在り方と、仏菩薩の信の在り方では、違いがあると考えますので例えとして、人間同士の話は、適切ではないと思いますが、深く信頼するという点の説明としては分かります。

今この信心につきて二つあり。一つには、わが身は罪悪生死の凡夫、曠劫よりこのかた、つねに沈みつねに流転して、出離の縁あることなしと信ず。二つには、決定してふかく、阿弥陀仏の四十八願、衆生を摂取したまふことを疑はざれば、かの願力に乗りて、さだめて往生することを得と信ずるなり。

今、この信心について二つあります。ひとつは、わが身は罪悪生死の凡夫で、はるか昔から常に罪悪に埋没して生きてきた、ゆえに常に地獄・餓鬼・畜生・修羅・人といった六道に没し

(生まれ代わりを繰り返し)、流転をしており、お浄土に生まれるという「出離の縁」はない存在です、と信じる。

二つには、心から深く、阿弥陀仏の四十八願は衆生を救い取ってくださることまちがいなしと疑わず、如来の願力に乗って、確かにお浄土に生まれることが出来ると信じる。

この文は善導大師の『観経疏』散善義にある文です。ほぼそのまま法然上人も、聖覚法印も親鸞聖人も、引用されています。聖覚法印の『唯信鈔』と善導大師の言い方と、言葉使いの文字に少々の違いはありますが、意味に全く大きな違いはないでしょう。

今は六道の中の人に生まれて仏法を聞ける身になっている。しかし次は何に生まれるか分かりません。その転生を離れて仏に成りなさいと、仏教は示すのですが、現代の私どもはこの六道輪廻を信じません。信じない在り方は、仕方ないのですが、それを批判するには、自らの生を、死をもって終わりとすることでいいのですかという問いになるのでしょうね。あらゆる宗教が、あるいは哲学が、それで良いのかと問うて、あらゆる宗教が、天国地獄というような存在を、それぞれの論をたてて述べているのです。哲学もまた、死を受け入れる受け入れ方、つまりは生き方を問う学問です。ですから、自らの生を、死を以て終わりとするだけでいいのですか。

ここは二種の信心を説明する文です。後世、二種深信といわれます。二種深信という用語は親鸞聖人にも、その師の法然聖人にもなく、ここでもでてきていませんが、この二つの信心の姿は浄土系の仏教では大切な信心の姿なのです。そこが難しい話になっているところです（このことはあとで触れましょう）。

㈠　仏力を疑うなかれ（『唯信鈔』）

世の人つねにいはく、「仏の願を信ぜざるにはあらざれども、わが身のほどをはからふに、罪障の積もれることはおほく、善心のおこることはすくなし。こころつねに散乱して一心をうることかたし。身、とこしなへにとがあり、懈怠にして精進なることなし。仏の願ふかしといふとも、いかでかこの身をむかへたまはん」と。このおもひまことにかしこきに似たり、驕慢をおこさず高貢のこころなし。

世間の方々がよく言われることは「仏の願を信じないわけではないけれど、自分の身の在り方を考えると、罪障（ざいしょう）の積っていることがいっぱいあって、善い心が起こることは少ない。心はいつも乱れていて一心になることは難しいです。この身には永遠に罪、咎があり、怠けもので、精進努力することはありません。仏様の願が立派で深いものとは言うものの、どうしてこのような身の者をお迎えくださるでしょう、と。この思いはまことに賢い、りっぱなことです。驕慢の心もないし、驕り高ぶるところもありません。

しかはあれども、仏の不思議力を疑ふとがあり。仏いかばかりに、ちからましますとしりてか、罪悪の身なればすくはれがたしとおもふべき。五逆の罪人すら、なほ十念のゆへにふかく刹那のあひだに往生をとぐ。いはんや罪五逆にいたらず、功十念に過ぎたらんをや。罪ふかくはいよいよ極楽をねがふべし。「不簡破戒罪根深」といへり。善すくなくはますます弥陀を念ずべし。「三念五念仏来迎」と述べたり。むなしく身を卑下し、こころを怯弱にして、仏智不思議を疑うことなかれ。

しかしながら、仏の不思議な力を疑うという、咎があります。仏様はどんなお力をお持ちになっているかを知って、罪悪の身であるから救われないとお考えになるのですか。五逆の罪人すらも十念のうちに、確かに、刹那のうちに往生を遂げるのです。いわんや、罪は五逆にも至らないようなもの、十念以上の念仏をしているものをや、(救わないことはないでしょう)罪が深いというならばますます極楽を願うべきでしょう。「不簡破戒罪根深」といわれています。善が少なければますます弥陀を念ずることです。「三念五念仏来迎」とも述べられています。意味もなくわが身を卑下し、心を弱くして、仏智の不思議を疑ってはいけません。

「不簡破戒罪根深」は前に出てきましたが、法照禅師の『五会法事讃』の言葉でした。破戒や罪が深いことを選ばず（不簡）ということで、親鸞聖人は「諸々の戒をやぶり、罪深き人をきらはずとなり」とされています。

「三念五念仏来迎」は『法事讃』にある言葉です。親鸞聖人は注釈されていませんが、深い意味を持つ言葉ではなく文字通り、三回五回の念仏でも、仏は迎えに来てくださいますということです。十念、百念という数の問題ではないということです。善導大師の『法事讃』にある「上一形を尽くし十念に至り、三念五念まで仏来迎したまふ」という文から引いてこられたのでしょう。

罪悪の身であっても、また念仏の回数も十念でなく、五念三念でも救われるのです。仏智の不思議、それは仏様の願いとそれによって生まれている念仏の力、それを疑ってはならないのです。

たとへば人ありて、高き岸の下にありてのぼることあたはざらんに、ちから強き人、岸のうへにありて綱をおろして、この綱にとりつかせて、「われ岸のうへにひきのぼせん」といはんに、ひく人のちからを疑ひ、綱の弱からんことをあやぶみて、手をさめてこれをとらずは、さらに岸のうへにのぼること得べからず。ひとへのそのことばにしたがうて、たなごころをの

べてこれをとらんには、すなはちのぼることを得べし。

例えば人が高い岸の下にいて、登ることが出来ないでいると、力が強い方が、岸の上から綱を下ろしてきて、この綱に取り付かせて、「私が岸の上に引き上げましょう」というと、引き上げる力を疑ったり、綱が弱いのではないか危ぶんで、手を引っ込めてこの綱を取らないならば、とても岸の上に登ることは出来ません。ただ一心にその言葉に従って、手を出して、これを取るならば、すなわち登ることが出来ます。

綱を持たなければ上がれませんよ。芥川龍之介の「蜘蛛の糸」ですね。仏様から垂らされた蜘蛛の糸を彼は信じたから上がっていったのですね。ところが下を見て、いっぱい登ってくるので糸が切れてしまう、と信じていた糸への信頼を失った。だから糸は切れた。もちろんそこには、自分だけが助かろうとしたエゴイズムが出たからという説明もありますが、しかし浄土系、また真宗的に読むと、糸への信頼喪失がむしろポイントになります。人にエゴがあるのは当然なのです、エゴのために糸が切れたのではないのです。エゴがあっても（分かりやすく罪、咎があっても）救いますというのが如来の願なのです。糸はその願の力でした。その糸が切れるということは、願の力を疑った言動をしたため糸は切れたのです。大勢ぶら下がっていようが、何も言わずに信頼して登っていたらよかったのです。エゴのために切れたとは、真宗の立場では言えないことです。

仏力を疑ひ、願力をたのまざる人は、菩提の岸にのぼることかたし。ただ信心の手をのべて誓願の綱をとるべし。仏力無窮なり。罪障深重の身をおもしとせず。仏智無辺なり、散乱放逸のものをもすつることなし。信心を要とす、そのほかをばかへりみざるなり。

仏様の力を疑い、その願力を信頼しない人は、菩提の岸、お浄土に登ることは難しいのです。ただ信心をもって仏の誓願の綱を執る（手にする）ことです。仏様の力は極まりないのです。罪障りが深く、重いという身を、重いと離されません。仏のお智慧は限りなく広いのです。心が散乱しているとか放逸なものであっても捨てることはありません。信心のみを必要とし、そのほかのことは顧みる（お考えに入れる）ことはありません。

このことについて、親鸞聖人はご和讃で、よく似た状況をうたっています。

願力無窮にましませば　罪業深重もおもからず
仏智無辺にましませば　散乱放逸もすてられず
（『正像末和讃』）

聖覚法印の『唯信鈔』を読めとおっしゃっているのは、同じお考えがあるのだと思います。仏力無窮と願力無窮、罪障深重と罪業深重は同じことです。

信心決定しぬれば、三心おのづからそなはる。本願を信ずることまことなれば、虚仮のこ

ころなし。浄土まつこと疑ひなければ、回向のおもひあり。このゆへに三心ことなるに似たれども、みな信心にそなはれるなり。

信心が決定したならば三心は自然に備わってきます。本願を信じることがまことのことであれば、そこに嘘偽りはありません。浄土に生まれることを願い、待つ思いにまことの心があるならば、そこには自然と回向の思いが生じます。このゆえに三心は異なっているように思われるけれども皆、信心（深信）が基礎にあるのです。

三心の基本は信心であるということで、至誠心、深心、回向発願心と三つあるけれども信心におさめられるということになりました。そしてその信心は深信ということです。聖覚法印は『観経』の三心の説明をなさっている中で、この三心の内、深信が大切とされました。

三つには回向発願心といふは、名のなかにその義きこえたり。くはしくこれをのぶべからず。過現三業の善根をめぐらして、極楽に生まれんと願ずるなり。

三つ目に回向発願心というが、その言葉の中に意味が含まれています。過去・現在・未来という生の中で、善い行いをして、極楽に生まれようと願うことであります。三つ目の回向発願心というのは、過去・現在の生きているうちに、浄土へ往生するために善い行いをして、それをもって、極楽に生まれようと願うのです。『観経』の三心の内、深心が大切とされたのです。

深心は深信でした。回向発願心については親鸞聖人の説明はありません。

そこで説明を先延ばしにしました、二種深信の話しをいたします。

深心が深信と文字が替わっていますが、このシンの字を読み替えているのは善導大師です。大師の『観経疏』散善義、「深心といふはすなはちこれ深く信ずる心なり」とあります。続いての善導大師の言葉は、繰り返しますが、

「今この信心につきて、二つあり。一つには、自身は現にこれ罪悪生死の凡夫、曠劫よりこのかた、つねに没しつねに流転して、出離の縁あることなしと信ず。二つには決定してふかく、かの阿弥陀仏の四十八願は、衆生を摂受したまふこと疑ひなく慮りなく、かの願力に乗じて、さだめて往生を得と信ずるなり。」

わが身といいましょうか、救われていく側を機といいます。救う力とか、はたらきを法といいます。そこでこの二つの文は、機の深信と法の深信という言葉で語られます。

簡略に言えば、わが身は煩悩熾盛（しじょう）の存在だ、これが機の深信。しかし弥陀はそれを踏まえて、浄土に迎えるとされる、これが法の深信。そこで念仏（回向）する、という聖覚法印の説明になります。

聖覚法印が説明なさっているのは、わが身は救われない存在ではないかと、機の深信が過ぎ

る人の話をされ、結論は、いかような身であっても、必ず救済するということに信を寄せなさい、とされているのです。大きな法の働きの中に、機は包み込まれている、ということでしょう。この二つの関係は機法一体といって、一つのものですが、対等のものではありません。法に包まれて機は存在するのです。

自己反省の足りない人、そういう人に語り掛けていくために、あなたは悪い人間ですよ。地獄必定です。と語りかけていく真宗入門があります。機責めといって、傾向としてはお東系統に多いのです。逆に如来様は必ずあなたを救ってくださいます、信をいただきなさい、信じなさいを強調するのはお西系統に多い法攻めということです。

ここから誤解が多数発生するのです。機の深信を得て後に、法の深信が分かります。順番がありますという誤解です。そのために罪の告白を強要します。強要された方は、私は悪い人間だとパニックに陥りますと、それ、その時が救済の時である、法が働いていますよという。まず機の自覚がなければ法は働きませんと信心に引き込む在り方です。

如来様は偉いお方、有り難いお方なのですよ、信じなさい。お念仏一つで、お浄土に救われるのです。比較して、あなた自身を深く見つめることです。罪深い存在ではないですか、そのあなたを救ってくださるのです、となるのが念仏の力に頼る在り方です。

ところでこの二つの関係は機法一体といって、一つのものです。

すると二つあるというのに一つのものとは、どういうことかとなります。

結論から申せば話をするために、これとあれと順番に説明しなければなりませんから二つになるのです。「夜が明けました」を説明するとすれば、あたりが見えてきました、日の出が近いのです、という風に説明します。あたりが見えてきたのは機ですが、太陽が回ってくるのは法でしょう。この機法一体が「夜が明けました」という表現として成り立ちます。

次に、人間相手の話ですから、どうしても機の深信が問題になります。機の深信、自身はこれ罪悪生死の凡夫、煩悩具足の善根薄少の凡夫、ということですが、そのことが駄目だというのではなく、その駄目な者が反省したり、努力をしたりしても、駄目な者が駄目な自力を振り回す、その自らが持っているものはこの迷いの世界から抜け出していくためには何の役にも立たない、自分の力では駄目であると知る、深信することです。すると自分の持っているものは当てには出来ないから、自力は無効なのだと自己の計らいを捨てます。自分は何も出来ないと自己を放り出し、捨てて、宗教から離れるのか。いま見捨てませんという如来の言葉に、わが身を任せられるかでしょう。捨てて全く離れてしまったら、そこには安らぎはありません。

如来の救いますという言葉と働きは南無阿弥陀仏です。念仏しかないと知りそこにまかせることで安らぎが生まれます。その両者が一致した状況は先ほど申した夜が明けるという状況です。機法一体とはそういう事です。先後無しです、自力無効というのは悟りですよ。浄土の教えは自力無効と知る事でいいのです。慟哭するような懺悔は、懺悔しすぎて、自力になります。またその懺悔自体は、往生への何の助けにもならないのです。ただ弥陀の光りの中にいるという思いの方が大切なのです。真宗ですからそれを悟りとはいいませんし、またそこにとどまらないで、念仏と共に他力の念仏に乗る、仏様の回向してくださされた世界に入っての日々を送るのです。

ただ、私どもは、この機法一体という言葉を、説明はそれぞれ分かるけど、機法同時ですというのは、分かりにくいのは事実です。

そこで、日常的には、仏法に向っている思いを離れる、捨ててみるのです。お浄土へ往くのは自力無効です。意識的に自力を避けてみることです。念仏しなければならないと、習慣的に念仏されているなら、それを捨ててみる。念仏をやめてみる。そして明日命が終わります、と考えてみてください。どうしますか。今までの念仏が役に立ちそうですか。明らかに自力無効でしょう。しかし明日命が終わりますという者に示されているのは念仏のみです。南無阿弥陀仏のみです。浄土に往けるかどうか保証はされていませんが南無阿弥陀仏だけです。その南無阿弥陀仏が法です。この視点を失なわないことです。

結果が保証されていないなら念仏は出来ませんというのは自力です。『歎異抄』という書物には親鸞聖人のお言葉として、「念仏は、まことに浄土に生るるたねにてやはんべらん、また地獄におつべき業にてやはんべるらん、総じてもって存知せざるなり」（同書二条）といわれています。ただ念仏のみ存在するのです。そこを親鸞聖人のお考えは、如来が救済をお約束なさってくださっているのです、と受けられます。

以上が『唯信鈔』の説ですが、聖覚法印のお話でははっきりしないところを、親鸞聖人のお考えも含めてお話ししました。

不簡破戒罪根深といふは、もろもろの戒をやぶり、罪ふかきひとをきらはずとなり。このやうは、はじめにあらはせり。よくよくみるべし。（これは『唯信鈔文意』の言葉です。）

以前に言いましたとされています。

不簡破戒罪根深といふは、破戒は上にあらはすところのよろづの道俗の戒品をうけてやぶりすてたるもの、これらをきらはずとなり。罪根深といふは、十悪・五逆の悪人、闡提（せんだい）の罪人、おほよそ善根すくなきもの、罪業のおほきもの、善心あさきもの、悪心ふかきもの、かやうのあさましきさまざまの罪ふかきひとを深といふ、罪がふかしといふことばなり、すべてよきひとあしきひと、たふときひといやしきひとを、無礙光仏の御ちかひにはきらはず、えらばれず、これをみちびきたまふをさきとし、むねとするなり。真実信心をうれば実報土に生るとをしへたまへるを、浄土真宗の正意とするべしとなり。総迎来は、すべてみな浄土へむかへ率てかへらしむといへるなり（当書第二章㈣㈧）。

結論は、善悪をとわず、すべてのものをお浄土に迎え入れますということです。

このお話しをしますと、たまにこんな方がいます。

質問1　悪い奴もお浄土に迎えるなんて、そんなことではお浄土では示しがつかないではないか。お浄土に往くということはお念仏をして、往くのだから、罪悪者も念仏することでまじめな善い人間になってから往かねばならんでしょう。

答え　しかし、お念仏には現実のこの世で、悪い働きもないし、きれいな身になることを要求もしていません。

質問2　けれども、お浄土ってきれいなところでしょう。

答え　お浄土に往けば仏になるのですからきれいになります。あなたの疑問のことを、昔の方はこのような例えをなさっています。石は水に沈みます。その石を運ぶのは船です。大悲の願船は石を乗せて渡します。罪悪深重、煩悩熾盛の重い者であっても大悲の願船は乗せて運びます。乗せるにあたっての条件、乗るにあたっての条件は何もありません。石は石のままです。不簡破戒罪根深とは、そういう意味です。船に乗れば向こう岸のお浄土に着きます。

質問３　それでは真宗は道徳を無視するのですか。

答え　先ほどご和讃を拝見しました。「願力無窮にましませば」のあとに『唯信鈔』の文「信心決定しぬれば、三心おのずからそなわる」とあります。そのことを大切にしたいと思います。

世間では『歎異抄』が有名で、「悪人正機」で、悪いことをしてもいいと受け止める方がいます。よく読んでいただければそういうことではないのですが、仏教の素養なくて読めば、悪いことをしてもいいのだと誤解します。親鸞聖人のお考えでは、「薬有るからとて、毒を好むべからず」とされています（『末灯抄』）。

罪悪深重、煩悩熾盛というのは他人ごとではないのです。あなたの存在がそういう存在ではないでしょうか。私は潔癖で、許せない。一緒では嫌だ、悪いことは何もしていないとお思いでしょうが、蚊が来れば叩いていませんか、魚や肉はまったく口にしませんか、絶対に嘘をつきませんか。罪悪深重、煩悩熾盛とはそういうことを言います。突き詰めると生きているということは、何らかほかの生命を損なう罪を犯しているのです。ゴキブリをたたいて、ある人は「汝はいかなる業を負いて、たたかれるや、私はいかなる業をもって汝をたたく罪を負うや」。そういって、たたいて、すまないな、は南無阿弥陀仏です。機法一体です。

ただ現代社会は複雑です。その複雑な中で、ほかの生き物の命を損なっているという人間の業は、罪悪感が少なくなり、薄れてきています。また長生きが当たり前になって、命の終末は遠のいて、生きることの緊迫感が薄くなっています。生きることではなく死の恐怖の方が強くなって、コロナで死んだと大騒ぎしていますが、ほかの事で死ぬ方は従来どおり存在しています。病歴のある者が亡くなるといいますが、それは病気が重なるのですから、当然でしょう。生きることが当たり前みたいになってますが、しかし命が終わることの方が当たり前なのです。ところが、生きることが当たり前ですから、当然宗教というもののとらえ方、浄土へのあこがれも遠くなっています。

それを取り戻せというのもまたカマキリの斧のように、しょうもない、なにしてるのということになるのでしょうが、仏教はそういうものです。人々を統合しよう、引っ張っていこうという政治性はありません。一神教の場合、宗教が生活全体を支配します。イスラム教はそれが強いし、キリスト教にも緩やかではあっても、統合しようというところがあります。

質問４　では何もしなくても誰でも救われるなら、何もしなくていいのですね。

答え　救われるという言葉をいうからには「救われる」ということは信じて、救われるのですねというからには救いを願っているのでしょう。それは信じているということです。何かを求めています。念仏したくない心は、駄目なものが駄目な自力を振り回しているのと同じです。そのへんには念仏がいっぱいあります。自己主張をしない、個人主義的なものが、真宗の仏教です。罪悪深重、煩悩熾盛をすべての人に強いるものではありません。無欲をすべてのものに強いるのでもありません。自己の心をみていくことと、その自己を包む弥陀を慕うことです。仏様なら、どうなさるかなと、たずねる心があればすばらしいです。

㈦ 念仏への疑問

㋑ 十念と十声　（『唯信鈔』）

つぎに本願の文にいはく、「乃至十念　若不生者　不取正覚」といへり。いまこの十念といふにつきて、人疑をなしていはく、『法華』の一念随喜といふは、ふかく非権非実の理に達するなり。いま十念といへるも、なにのゆゑか十返の名号とこころえん」と。

次に、本願の文には、「乃至十念　若不生者　不取正覚」といっています。今この十念について、ある人は疑問をもって、「法華」で一念随喜というのは、深く非権非実の結果に達することと言います。今ここで十念というも、なぜ、名号を称えることとするのかと。

本願の文にある乃至十念の「念」について疑問があるということです。法華というのは天台法華の教えですが、一念随喜といって、念は深く、非権非実の境地を言います。非権非実の教えについては、天台の教えですので、詳しい説明は出来ませんが、権は仮、実は実。仮でもない実でもない境地に達するを喜ぶということで、一念随喜といいます。要は「念じる」とは「思うとか、ある境地に達する」事を言います。だからなぜ十念を、口で称える念仏とするのかという疑問です。

この疑いを釈せば、『観無量寿経』の下品下生の人の相を説くにいはく、「五逆十悪をつくり、もろもろの不善を具せるもの、臨終のときにいたりて、はじめて善知識のすすめによりて、わずかに十返の名号をとなへて、すなはち浄土に生る」といへり。これさらにしずかに観じ、ふかく念ずるにあらず、ただ口に名号を称するなり。「汝若不能念」といへり。これふかくおもはざるむねをあらはすなり。「応称無量壽仏」と説けり。ただあさく仏号をとなふべしとすすむるなり。

この疑いを説明をしますと、『観無量寿経』の下品下生(げぼんげしょう)の者の姿を説く所に「五逆・十悪を作り、もろもろの不善を成す者、臨終に至って、善知識（念仏の教えに帰依する先輩）の勧めによって、始めてわずか十返の名号を称えて、浄土に生まれる」と書かれています。これははっきりと、静かに観じ、深く念じるのではなく、ただ口に名号を称するのです。この文中には「汝若不能念」（汝、もし念じることとあたわずば）といっています。これは深く思わないありさまを表しています。「応称無量寿仏」（まさに無量寿仏を称すべし）と説いています。これは単純に仏号を称えなさいと勧めている事です。

『観経』は十六の観相を説きますが、その十六番目は人間を上中下品（仏教では品を「ぼん」と読みます）に区分して、その下品のものをいかに浄土に迎えるかという話が書かれています。下品でも上の者（上生）はたくさんのお経の題名を聞いて、合掌して南無阿弥陀仏と称えると、生死の罪が除かれるのです。中の者（中生）は、戒を破る、盗みはするといった罪人で、地獄に落ちることが間違いない者ですが、善知識の仏教を讃嘆する説法を聞くと地獄の猛火も静まり、無事に往生します。下の者（下生）では、引用されているように、五逆十悪の罪を作っているもので、臨終のときになり、善知識に汝、もし念ずることが出来ないなら（汝若不能念）まさに無量寿仏を念じなさい（応称無量寿仏）と勧められ、声が絶えないようにして十念、南無阿弥陀仏と称し、往生を遂げるとあります。この念は静かに観じ深く念ずるのではなく、口に称える念仏でしょう。

「具足十念　称南無無量寿仏　称仏名故　於念念中　除八十億劫　生死之罪」といへり。

十念といへるはただ称名の十返なり。本願の文これになずらえてしりぬべし。善導和尚はふかくこのむねをさとりて、本願の文をのべたまふに、「若我成仏、十方衆生、称我名号、下至十声、若不生者　不取正覚」といへり。十声といへるは、口称の義をあらはさんとなり。

「具足十念　称南無無量寿仏　称仏名故　於念念中　除八十億劫　生死之罪」とは十念をそなえて、南無無量壽仏と称えるがゆえに、一念一念の中に、八十億劫の間における生死の罪を除くという事です。十念とは、ただ称名を十回繰り返すことです。本願の文もこれに倣って（準じて）心得なさい。

善導和尚はこのことを知って本願の文を述べられているところに「若我成仏、十方衆生、称我名号、下至十声、若不生者　不取正覚」とされて、十声とおっしゃっているのは口称の意味を表明しようとなさったのです。

「具足十念」以下は『観経』下品下生の文です。ただ文中の南無無量壽仏は、『観経』では南無阿弥陀仏です。聖覚法印の記憶違いなのでしょう。ともあれ文全体の意味に違いは生じません。なずらえ（習って、準じて）知りなさいという、本願の文というのは『無量寿経』（『大経』）にある第十八願の文です。それは、「説我得仏　十方衆生　至心信楽　欲生我国　乃至十念　若不生者　不取正覚　唯除五逆誹謗正法」です。

中国の善導大師は、念の在り方の違いをお心得になって、本願の文を述べるところでは、「若我成仏　十方衆生　称我名号　下至十声　若不生者　不取正覚」とされました。これを本願の文と比較しますと、本願の文は乃至十念ですが、ここでは下至十声となっています。善導大師は、十念を十声と書き換えて解釈をなさいましたということです。念仏は声を出すべきだと日ごろお考えになっていたのが影響して、思わず書き違いをされたのか、意図的なのかということになりますが、これは、善導大師が、意図して書き換えられたと受け止められています。

経典の文字は変えたら違う意味が生じます。だから変えることは本来許されないのですが、善導大師は自らの宗教的な境地から、声を出す念仏を勧めておいでになるのです。そのお考えをもって経典の文字を書き換えられたのです。

この書き換えは、実は浄土教の大切なポイントになっています。真宗ではこの善導大師の『往生礼讃』での書き換えを「本願加減の文」と呼んでいます。

もちろん法然上人は、ここをとらえて、『選択集』本願章で、この善導大師の釈を引用して「念声はこれ一」(念声是一)とされ、さらには懐感師の『群疑論』をも引用され、「大念は大声に仏を念じ、小念といふは小声にて念ずるなり、ゆえに知りぬ、念はすなはちこれ唱なり」とされています(1213頁)。

念仏を声に出して仏名を称えることになったのは、この善導大師の文からです。聖覚法印も親鸞聖人もそれに従っておいでになります。法然上人も諸々の自身の事情を勘案すれば、念は難しくとても出来ない、それに対して、声に出すという念仏は、阿弥陀様の本願ということでは、易しくなければ意味がないとすれば、念ずるよりも声を出すというこの書き換えは意味があるとされています。

善導大師は意図されて、称名念仏をお勧めになるのです。大師の宗教的な信念です。この善導大師の書き換えが、気に入らない、あるいは間違いだから許されないとなれば、それは善導大師の仏教のご理解状況を研究していく必要があります。善導大師に従っていない仏教の流れもたくさん存在します。

偉い方の書かれた文を後輩や弟子が、まして後世の人間が勝手に書き直すことは許されません。そのまま伝え、その意図を考えていくのが、実は仏教の伝承の仕方です。親鸞聖人もそのまま使われています。しかしほかの部分では親鸞聖人は文字は不変でも世間とは異なった読み方をされているところがあります。それは一つの宗教的信念を示すものでしょう。

㊁　口に称える　（『唯信鈔文意』）

「乃至十念　若不生者　不取正覚」といふは、選択本願の文なり。この文のこころは、「乃至十念の御なをとなへんもの、もしわがくにに生まれずは、仏に成らじ」と誓ひたまへる本願なり。「乃至」は、かみしもと、おほきすくなき、ちかきとほきひさしきをも、みなおさむることばなり。多念にとどまるこころをやめ、一念にとどまるこころをとどめんがために、法蔵菩薩の願じましします御ちかひなり。

「非権非実」といふは、法華宗のおしへなり。浄土真宗のこころにあらず。聖道家のこころなり。かの宗のひとにたづぬべし。

「乃至十念若不生者不取正覚」というのは選択本願の文、『大経』十八願文の末尾の文です。乃至十念の念仏を称える者をわが国に必ず生まれさせます。もし生まれることがないならば仏に成らないという誓いの文です。乃至というのは上下、多い少ない近い遠い、というふうにすべてを含む言葉です。多念にとどまることや、また一念にとどまるという考えではなくして、法蔵菩薩が願っている誓いです。非権非実については天台の教えですから、その宗の人に聞きなさい。

阿弥陀仏が、衆生を浄土に生まれさせるにはどのような方法が善いのであろうかと、往生浄土のいろいろなやり方がある中で、最も容易な方法を選び出したのが念仏という方法であり、その念仏をする者を必ず浄土にみちびくことを、自分が仏に成るための条件になさっている。法蔵菩薩の中心になる願いのこもったお誓いの言葉です。乃至十念の乃至は上下とか遠い近いとか範囲を示すもので、多念がいいとか一念でいいとかいうこだわりをとどめんために法蔵菩薩が、願っているのです。

非権非実の説明はありませんが、法華宗とは天台宗のことです。その方面のお方に聞きなさいと、聖道を歩む方のご存在をお認めになっています。

「汝若不能念」といふは、五逆・十悪の罪人、不浄説法のもの、やまふのくるしみにとぢられて、こころに弥陀を念じたてまつらずば、ただ口に南無阿弥陀仏ととなえよとすすめたまへる御のりなり。これは称名を本願と誓いたまへることをあらはさんとなり。「応称無量寿仏」とのべたまへるは、このこころなり。「応称」はとなうべしとなり。

「汝若不能念（汝もし念ずることあたわずばとは、できないならば）」ということは、五逆・十悪の罪人や、不浄説法の者、病の苦しみにとらわれている者、心に弥陀を念じられないならば、ただ口に南無阿弥陀仏と称えることをお勧めくださるお教えです。これは称名を本願としてお誓いなさっていることを表わそうとしているのです。「応称無量寿仏（まさに無量寿仏を称すべし)」と、述べられているのは、この趣旨によるもので、応称とは称えなさいということです。念仏しない、出来ない存在として、殺母、殺父、聖者を殺す、仏を傷つける、教団を破壊するという罪が五逆罪の者。十悪とは殺生、偸盗、邪淫、妄語、綺語、悪口、両舌、貪欲、瞋恚、愚痴の罪をもつ者、不浄説法の者、病で苦しんで、心に弥陀を念じられない者が挙げられていて、その者はただ口に南無阿弥陀仏と称えよとお勧めになっているお教えです。これは称名が本願であると、お誓いになったことを表わそうとされているのです。注目すべきは不浄説法の者という言葉が出てきます。不浄説法とは『観経』の下品中生に出てくる言葉で、ここに持ってこられたということは、なにか意味があるのでしょう。

不浄というのは「仏法に託して利をもとめるもの」という元照律師の「観無量寿経義疏」の言葉があり、まさにそういうことを戒められているのです。ここの利とは、自己の利益ということでしょう。

脱線しますが、ご法礼(お布施)を衣の下から手を出して、要求するお坊さんがいる半面、仏教に忠実そうなお坊さんは、お志でというので、法要を頼んだ一般の方はお礼をどれだけ出せばいいのかと悩まれます。坊さんが霞を食って生きているわけではないので、お寺の維持費を含めてお渡しするのがいいのですが、すべてが坊さんの手に入って、坊主丸儲けという言葉があるように、高級車を乗り回して、祇園で遊んでいるのを聞けば、やはり悲しく、残念です。

真宗では昔はお布施とはいわなかったのです。お取次といいました。仏様に渡すので取次をしてくださいと渡されました。坊さんの手に入ったら、勝手になりますから、あなたに渡すのじゃない、仏様に渡してくださいと、渡す側が、はっきり言うことで、少しは坊さん側が考えるようにしていたのかもしれません。その言葉が使われなくなることで、本来あるべき精神がなくなっています。

お釈迦様の時代はいただいても、貯めてはいけないことになっていました。しかし今日のお坊さんの立場はお寺という建造物を預り、管理するという状況では貯めざるをえません。観光寺院などは、拝観料という名目で寄進を求めます。どかどかと無関係な者が入ってきて我が物顔にふるまう事態を防ぐ意味もあります。一律に納めよという点では少し高い気もしますが。

単純化して話しますが、人があらゆる場面で自己の利益・保身を求めるのは、人間の自然の状態ですし、さらにたくさんの利益を上積みしていこうというのも普通の在り方です。お坊さんといえどもよほど厳しい自己規制をされる方以外は同じです。

自己の利益と保身から、努力をして儲けていくというところから資本主義は生じてきています。するとそこから社会主義や共産主義が出てきて、利益の分配や平等を主張し、反資本主義の政治的対立が生じます。この利益の配分と平等という在り方は意外と難しいのです。機械的に公平にと分けると、さぼるものが出てきます。そこでまとめるリーダーが必要になるのですが、そのリーダーも、あらゆる場面で、自己の利益と保身を求めるという人間の本質を十分に持っています。だからリーダーが金持ちになるのです。すると金がなければ馬鹿にされ、リーダーとしての信頼は失せますから、力づくでも、自己保身と利益の確保に動きます。そこにほかの人びとの自由な活動は許されなくなってきます。自由がなくなれば、その社会体制は永遠に続くでしょう。支配者と被支配者という関係で、分かりやすく言えば昔のヨーロッパにおける皇帝や王と民衆という関係です。そういう人間の本質を見極めないところで、政治的な主義を主張しても賛同しがたいです。

資本主義が、個人の自由と努力を基に発展してきて、お金を儲けたものがお金のあるエリートとなって、片や儲けられない人々、貧乏なものが多くなり下層となる社会の分断、いわゆる階級が生じると、社会主義者、共産主義者からの批判も盛んになってきます。階級の発生や、それによる社会の分断化は資本主義の崩壊、自由な社会の崩壊につながります。

利を求める行為に対して、孔子の『論語』では「七十にして己の欲するにしたがって、矩を超えず」という言葉を示されましたが、矩を超えないを実践出来るのは、ほんの一部の者だけですが、社会の分断化は何らかの形、方法で防ぐ必要があります。昔からある伝統的な宗教の社会に対する働きかけの重みを感じてもらいたいものです。

仏教は、心の安らぎのためには欲を離れることを主張します。欲を離れよというところで、利益分配と平等性を求める政治主張と部分的に一致しますので、坊さんの中には、社会主義、共産主義に賛同する方が多いのですが、政治主張と仏教倫理とは別個のものです。その政治主張は、先ほど述べたように、最終的には力によって人を従わせることが目的の一つです。仏教にはそれはありません。欲をはなれよという事と、有り余るお金の儲けを、どのように処理していくか、そこに仏教倫理の感覚を生かした在り方が問われるのではないでしょうか。真宗はかっては、近江商人を生み出しました。「三方よし」という商業道徳でした。

脱線しましたが、今ここで不浄説法という言葉を親鸞聖人が使われるのは、不浄説法とは間違った教えを説くとか、仏教の説法で自分の利益を得ようとすることを言います。親鸞聖人の時代に、親鸞聖人の弟子筋にもすでに仏教で、地位と立場と経済的要求を満たそうとする坊さんと称する人物がいたのでしょう。だからわざわざ本文にないことを入れているようです。

(八)　念をはなれたる声無し　(『唯信鈔文意』)

「具足十念　称南無無量壽仏　称仏名故　於念念中　除八十億劫生死之罪」といふは、五逆の罪人はその身に罪をもてること、十八十億劫の罪をもてるゆえに、十念南無阿弥陀仏ととなふべしとすすめたまへる御のりなり。一念に十八十億劫の罪を消すまじきにはあらねども、五逆の罪のおもきほどをしらせんがためなり。「十念」といふは、ただ口に十辺をとなふべしとなり。しかれば選択本願には「若我成仏　十方衆生　称我名号　下至十声　若不生者不取正覚」と申すは、弥陀の本願は、とこえまでの衆生みな往生すとしらせんとおぼして十声とのたまへるなり。念と声とはひとつこころなりとしるべしとなり。念をはなれたる声なし、声をはなれたる念なしとなり。

この文どものこころは、おもふほどは申さず、よからんひとにたずぬべし。ふかきことは、これにてもおしはかりたまふべし。

南無阿弥陀仏。

具足十念　称南無無量壽仏　称仏名故　於念念中　除八十億劫生死之罪というのは、五逆の罪人は十八十億という長いあいだ(消えない)苦しまねばならないような罪を持っていること。だから十念、南無阿弥陀仏を称えなさいとお勧めになるお教えです。一念で、十八十億劫の罪が消えるわけではないけれども、五逆の罪がそれほどに深いことを教えてくださっているのです。十念とは口に十辺称えなさいということ。だから『選択集』には『往生礼讃』文を引いて、「若我成仏　十方衆生　称我名号　下至十声　若不生者　不取正覚」といっているのは、弥陀の本願は十声までの衆生はみな往生するということを知らせようとお考えになって、十声とおっしゃっているのです。念と声とはひとつのこころと知りなさい。念を離れた声はない。声を離れた念はないのです。

この文の心は思うほどには言えませんでした。良い指導者（よからんひと）に尋ねてください。教えの深いことはこの文（これらの文）にても理解してください。

十という数字にこだわっておいでになる感じを受けます。『観経』には「念念の中において八十億劫の生死の罪を除く」とありますが、一念に八十億劫の罪が消えるというところを、十念だから、十倍の十八十億劫となさいました。除八十億劫を十八十億劫と聞き間違えられたのか。そして一念で十八十億劫消すまじきにはあらねど（消してしまうのではありませんが）という説明は、五逆の罪というのは八百億劫という大きな罪にあたるとおっしゃりたかったのでしょうか。そしてその大罪をただ口称だけで十念称えると消えるとおっしゃりたかったのでしょう。だから十念は口に十辺の念仏を称えなさいということです。だから（善導大師のご文では）選択本願には若我成仏……下至十声……といっているのは、弥陀の本願は十声までの衆生（まで、ですから一から十までです。十より少ない者でもということです）みな往生すると知らせようとして十声とおっしゃるのです。念と声とは一つのこころです。念を離れた声は無し、声を離れた念は無しと知りなさい。

この文ども（どもですからこの『唯信鈔文意』すべてを指す）の心は十分にはいえません。浄土の教えに知識のある方にたずねてください、深いことはこの文を見て考えてください。

以上で『唯信鈔文意』は終了しましたが、『唯信鈔』はいま少し残っています。

㈡　臨終念仏　（『唯信鈔』）

一つ、つぎにまた人のいわく、「臨終の念仏は功徳はなはだふかし。十念に五逆を滅するは、臨終の念仏のちからなり。尋常の念仏は、このちからありがたし」といへり。

一つ、あるひとのいうには、臨終の時の念仏は、深いお功徳があります。十念すると五逆の罪が消えるのは、臨終のときの念仏の力です。普段・日常の時の念仏はそういう力はないのです、といいます。

亡くなる寸前に念仏をするのは、一生懸命に行うので有り難い念仏の姿です。これによって五逆の罪は皆、消えるのですが、普段日常の念仏にはそういう功徳はないのではないのですか。『往生要集』（1055頁）には「臨終の一念は百年の業にすぐれたり」という言葉があって、続いて「まさに一心に仏を念じて、西方極楽微妙の浄土の八功徳池のうちの七宝蓮台の上に往生すべし。願わくば仏、決定してわれを引摂したまえ」とあります。このように『往生要集』の中巻末に別時念仏・臨終行儀というところで、臨終の在り方をいろいろ説明しています。『往生要集』といえば、地獄の話で有名で、いろいろの地獄のことが書かれています。それと同じように臨終の在り方についてもいろいろ書かれており、その影響は日本の仏教や生活倫理にとても大きいものがあります。阿弥陀如来が臨終に迎えに来るという話もくわしく書かれています。臨終に来迎があるというのは十九願（四十八願の中の）にあります。「たとひわれ仏を得たらんに、十方の衆生、菩提心を起し、臨終のときに臨んで、たとひ大衆と囲繞してその人の前に現ぜずば正覚を取らじ」とあり、『往生要集』はそれをさらに大きく広く述べています。そういう所からの影響で、この質問のようなことが出てきたのでしょう。

これを案ずるに、臨終の念仏は功徳ことにすぐれたり。ただしそのこころを得べし。もし人のいのちおはらんとするときは、百苦身にあつまり、正念みだれやすし。かのとき仏を念

ぜんこと、なにのゆえかすぐれたる功徳あるべきや。

これを考えると、臨終の念仏はすぐれた素晴らしいことです。功徳の姿です。しかしその念仏のこころを考えてみましょう。人が命終わるとき、たくさんの苦しみが身に迫り、心静かに念仏することが出来ず乱れやすいものです。その時の念仏にはどうして優れた功徳があると言えますでしょうか。

法然上人の臨終にはいろいろ伝わっています。「弟子など仏の御手に五色の糸をつけてすすむれば、これを取りたまわず、上人のいわくこのことはつねの人の儀式なり、わが身におひては未だ必ずしもといひて、つひにこれを取りたまわず」（『昭和新修法然上人全集』７２４頁）。今はこういうことをする方はいなさそうですが、どこかのお寺でそのような光景を拝見した記憶があります。臨終ではなかったのですが、阿弥陀様のご縁をいただくために本堂の阿弥陀仏様の所からテープが外陣まで張られていて、それを触るお参りの在り方です。

「門弟などに告げていわく、声高に念仏すべし、この名号を称えるもの一人もむなしからず。みな往生すべきなり。声高に念仏を勧めて、念仏の功徳を種々に讃談したまいて、観音勢至等の菩薩聖衆現前したまえり、おのおの拝し奉らずやとおおせられけるに、弟子など拝せざる（見えない）よし申せば、いよいよ念仏を勧めたまう」（『昭和新修法然上人全集』７２４頁）。法然上人はお迎えがみえていたのですね。本人は満足の臨終のようです。

これをおもふに、病おもく、いのちせまりて、身にあやぶみあるときには、信心おのずからおこりやすきなり。まのあたり世の人のならひをみるに、その身おだしきときは、医師をも陰陽師をも信ずることなけれども、病おもくなりぬれば、これを信じて、この治方をせば病いえなんといへば、まことにいえなんずるやうにおもひて、くちにはにがき味はひをもなめ、身にいたはしき療治をもくはふ。「もしこのまつりしたらば、いのちはのびなん」といへば、たからをも惜しまず、ちからを尽くして、これをまつりこれをいのる。

これすなはちいのちを惜しむこころふかきによりて、これをのべんといへば、ふかく信ずるこころあり。臨終の念仏、これになずらえてこころえつべし。

考えてみますと病気が重く、命の終わりが近い時は、信心が自然と生じやすいのです。世の中の様子を見るところ、自身がおだしき（穏やか）で健康な時は、医者も祈祷師も信じないのですが、病が重くなるとこれらを頼って、この治療法をすれば病気がいえる（治る）というと、本当に治るように思って、口に苦い薬をなめ、身には苦しい治療を加え、もしこれお祀りし、お祈りをしたら命永らえますと言えば、たから（財産）を惜しまず、努力をして、これを祀りお祈りをする。

このことは命を惜しみ、永く生きながらえたいという深い心があり、それにしたがって、信ずる心があるということです。先の臨終の念仏についてもこのことを考えてみてください。

確かに臨終に念仏する姿は一生懸命になる素晴らしいことです。だから臨終の念仏には功徳があると一般的には考えるのが当然でしょう。けれどもこれは命が惜しい、命を延ばそうという心が深いので、これらの治療や薬や信仰を深く信じるようになるのです。臨終の念仏は、そういうことではないのかよく考えるべきです。

昔から、貧・病・争が宗教の入り口と言われています。いつの時代でも新興宗教の始まりで見られる姿です。多大な利益、大いなる利徳を得たいとか、また病が難病とか、重いとかになっても、また、ただ普通に寿命が来てもさらに生き永らえたいという心がおこるのは、人間を含め生き物のすべてが持つ、強い究極の、否定出来ない欲望です。まして人間は知能でそれらを受けていくのですから、貧・病・争・命にどのように対応していくかは、世界中の宗教の課題です。

しかし命の延長には究極の解決は見いだせていません。今後も医学の発達などで、寿命は伸び、病気もその種類は減少し、治療法も発達するでしょうが、特に寿命についてはいつか終焉を迎えます。昔よりは長生きになりました。百歳以上の方が日本では六万人余おいでになるそうです（令和三年の統計）。しかし一方では今日でもコロナが流行して、みんなあたふたしています。将来には新たな病気の出現も予想されます。延命は未解決の永久の課題でしょう。コロナのような病原菌でも寿命があるのですが、増える力が強いので、流行するのですね。

いのち一刹那にせまりて存ぜんことあるべからずとおもふには、後生のくるしみたちまちにあらはれ、あるいは火車相現じ、あるいは鬼卒まなこにさいぎる。いかにしてか、このくるしみをまぬがれ、おそれをはなれんとおもふに、善知識のをしへによりて十念の往生をきくに、深重の信心たちまちにおこり、これを疑ふこころなきなり。

命が一刹那に迫って、もう終わりと思うと、命終わって後の苦悩が現れ、あるいは罪を犯したものを運んで、責める地獄の火の車が現れ、あるいは地獄の鬼どもが目の前を遮って（さえぎる）行きます。どうしてこの苦しみをまぬがれ、恐ろしさを離れようかと思うときに、良き師の教えによって、十回の念仏によって、極楽への往生出来ると聞くと深い信心がたちまちにおこり、これを疑う心はなくなる。

これすなはち、くるしみをいとふこころふかく、たのしみをねがふこころ切なるがゆえに、極楽に往生すべしときくに、信心たちまちに発するなり。いのちのぶべしといふをききて、医師・陰陽師を信ずるがごとし。

もしこのこころならば、最後の刹那にいたらずとも、信心決定しなば、一称一念の功徳、みな臨終の念仏にひとしかるべし。

これはすなわち、苦しみを嫌う心が深く、楽しみを願う心が切実なるが故に、極楽浄土に往生すると聞くと、信心がたちまちにおこる。それは命ながらえると聞くと、医者や陰陽師を信じるようなものである。もしこの本当に、その心（信心）があるならば最後の刹那に至らなくても、信心をしっかり決定したならば、ひと称え一念の功徳は、すべて臨終の念仏に同じでしょう。

臨終時に良き師の説法を聞いて極楽に往けると喜んで念仏をする。そんな心があるならばなにも臨終でなくても、信心決定した念仏ならば臨終の念仏と同じでしょう。つまり臨終に慌てて念仏する念仏には、本当の念仏の功徳はありませんということです。『末灯抄』（735頁）という親鸞聖人のお手紙を集めた文集に「臨終ということは、諸行往生のひとにいふべし、いまだ真実の信心をえざるゆえなり。真実信心の行人は、摂取不捨のゆえに正定聚の位に住す。このゆえに臨終待つことなし、来迎たのむことなし。信心定まるとき往生また定まるなり」とされています。

㋭　罪業深しと宿善無し　（『唯信鈔』）

また次に世の中の人のいはく、たとい弥陀の願力をたのみて極楽に往生せんとおもへども、先世の罪業しりがたし、いかでかたやすく生まるべきや。

業障にしなじなあり。順後業といふは、かならずその業をつくりたる生ならねども、後後生にも果報をひくなり。されば今生に人界の生をうけたりといふとも、悪道の業を身にそなえたらんことをしらず、かの業がつよくして悪趣の生をひかば、浄土に生るることかたからんかと。

前世での罪業の深さを知ることは出来ません。前の世の罪の深さ故に往生出来ないこともあるのではないですか。どうして簡単に往生出来ますでしょう。

因果応報ということを仏教では言います。古代インド社会での思想ですが、仏教にも取り込まれ、仏教思想として日本でもなじみのある思考です。物事には原因があり、結果があるということです。いま生活が苦しいとか、病気やその他の苦悩を抱えているとき、それは前世の因による果であるという受け取りがありました。また殺生を生業にするものはそれ故に浄土に往生出来ないとされていました。この『唯信鈔』の書かれたころ、平安時代の末のころから、戦乱の世になります。すると敵を殺すということになるのですが、それが大きな苦悩を生み出し、熊谷直実は法然上人の門下に入り出家してしまいます（『平家物語』）。またその因果関係は六道輪廻と結びつけて思考されました。そして日本人の思考に深く影響していったことは、昔の説話などには多くみられます。古典の説話文学書『日本霊異記』の正式な名称は『日本国現報善悪靈異記』といいます。現報善悪、つまり前世の罪、現世の罪が因となって現世、また来世に報いが現れるという話を集めた本という意味です。そういう話がいっぱい書かれています。

業や障りにはいろいろあります。順後業というのは、その業をつくりたる生（前世、今生）ではないけれど後の生（後生）にも結果の報を引くのです。そういうことならば、今生の人界に生を受けたりといっても、過去生に悪道の業を身に具備しているかもしれないことを知らないでいて、その業が強くて、悪の部分を今生に引いているから、浄土に生れることは難しいだろう、という質問です。

順後業という言葉は『倶舎論』に出てくるのですが、順後受業と出てきます。『倶舎論』全体は読んでいませんので説明出来ませんが、業報が何世かにわたって影響するという話です。ただその業と報とか、因果はかなりの世〈先世、今生、来世〉に影響があるとされているようです。心理学でいう六感を仏教では目耳鼻舌身意とし、さらに上の現象としては七感、末那識といい、さらに上に八識を、阿頼耶識と言っています。そこには何生か以前の意識の継続があるという説明がありました。先にも延べた、業とか因果とかは、仏教では識の在り方として、深く論じられている問題です。従ってそれに基づく縁起の考え方も、単純に原因と結果、それもせいぜい今生の中でという単純なものではないようです。よく聞く言葉に「煩悩即菩提」という言葉があります。悟りは即ち煩悩である、その逆でもあるという受け止めですが、この説明もこの深い縁起から導かれてくる思考だそうです。ただ縁起という言葉は、その深い浅いは抜きにして、日本では人々の、私どもの思考に大きな影響を与えています。その例は、古典の説話文学作品『今昔物語』やその他のもの、そして今はやりの陰陽道などを生み出しているのではないでしょうか。

この義まことにしかるべしというとも、疑網たちがたくして、みづから妄見をおこすなり。おほよそ業ははかりのごとし。おもきものまず牽く。もしわが身にそなえたらん悪趣の業ちからつよくば、人界の生をうけずしてまず悪道におつべきなり。

この考えはなるほどと思われるが、やはり弥陀のお力に対する疑いの網が強く、たち切れないために勝手な考えにとらわれています。大体からして、業は天秤（てんびん）、秤（はかり）のようなものです。重い側が引っ張る（下がる）。例えばわが身が具えたであろう悪業が力強ければ、人界に生を受けることはなく、悪道、悪趣（三悪趣＝地獄餓鬼畜生）に落ちます。

すでに人界の生をうけたるにてしりぬ、たとひ悪趣の業を身にそなえたりとも、その業は人界の生をうけし五戒よりは、ちからよわしといふことを。もししからば、五戒をだにもなほさへず。いはんや十念の功徳をや。五戒は有漏の業なり、念仏は無漏の功徳なり。五戒は仏の願のたすけなし。念仏は弥陀の本願のみちびくところなり。念仏の功徳はなほし十善にもすぐれ、すべて三界の一切の善根にもまされり。いはんや五戒の少善をや。五戒をだにさへざる悪業なり。往生のさはりとなることあるべからず。

既に人間に生を受けていることを知るならば、例え悪いことが身に備わっていたとしても、その悪業は人界に生を受けて、そこで守らねばならない五戒よりは力が弱いということです。五戒さえも遮らなかったのだから、いわんや十念の功徳を遮ることはないです。五戒は悟りを得ていない凡夫のための戒めで、それには仏の援助は述べられていません。念仏はお悟りを得た世界の仏様のご功徳（援助）です。念仏は阿弥陀仏の本願が導いているものです。阿弥陀仏のご功徳は、さらに十善よりも優れており、この世の中のすべて（三界）の功徳よりも優れています。いわんや五戒などという小さな善よりは更に勝れています。五戒さえ遮らない、問題にしていない悪業です。往生の障害になることはありません。

三界というのは六道の世界です。欲界、色界、無色界に分けて、欲界はあらゆる欲にとらわれた生き物の世界、六道の内地獄・餓鬼・畜生・修羅・人（六欲天）の住む世界、食欲と淫欲の世界。色界は欲のない世界（四禅天）。無色界は欲も物へのとらわれもない精神の世界（内容はよく分かりませんが天界の最高）とされます。三界とは世の中のすべてということです。

三帰依文の最初に「人身受けがたし、いますでに受く」とあります。仏教の考えでは、業報の結果、うれしいことに人に生れてきているのですと、六道輪廻から出てくる言葉ですが、この六道輪廻に就いては、現代では誰の思考にも入っていないでしょう。

しかし、ほかの生き物に生れてきたということはあり得ないにしても、人として、この世に生れてきたことについては、大いに強調されても良いのではありませんか。精子・卵子の結合の不思議、あるいは父母の出会い、そういう中で人の在り方が問われるでしょう。

先ほどの古典の中では、ほとんどが悪業によって人間がほかの生き物に生れる話ですが、善行のおかげで、人間に生れてきたという話もあると思います。ちょっと今、いい例になる話を思いだしませんが、

つぎにまた人のいはく、五逆の罪人、十念によりて往生すといふは、宿善によるなり、われら宿善をそなへたらんことかたし。いかでか往生をすることを得んやと。

先ほどとは逆の話です。五逆の罪人でも十念により往生出来るのは宿善によるという、われ

らは今生きながら、宿善を具えることは難しいです。どうして宿善のないものが往生出来るのでしょうか。

宿善というのは先ほどの逆で、昔、過去世でつくった善い行いが原因となって現世でも善行をし、善い果報をもたらすと考えられていました。先ほどの宿悪論者の逆の立場の方なのでしょう。悪因悪果、善因善果は原則です。ただしその人にのみに生ずることで、因果が他人に及ぶことのないのが仏教の立場です。ところが日本では、他人に及ぶ考えが結構強く、家族とか家に影響するような言い方があります。同和問題を論じる方が、この業の思想を批判されるのですが、確かに言葉は仏教のものですが思考の仕方が違います。ただ仏教でも回向文の中で願以此功徳、平等施一切というあたりは、功徳を他に施すような雰囲気があって、私は好きではありません。まあきっちり、仏教を基本において説明すれば、そうではないのですけれども。

この宿業、宿善、宿悪は運命論に結び付けられて、運命論、宿命論になりやすいので気を付けなければいけないことです。仏教では運命という言葉はなく、宿命といい、宿善宿悪という言葉になります。また宿業という言葉もあります。

仏教では無我なので、本来そのような何かが伝わる形での宿業、宿命はないのですが、一般社会での運命という言葉と合体してしまい、論理的矛盾を起します。そしてそれに対応する論理が唯識派などではいろいろ論じられているのです。先ほどの阿頼耶識などはその中での論理です。無我といわれながら、なにがどのように伝わるのか、私はその方面は勉強不足でよく分かりません。

これまた痴闇にまどへるゆえに、いたずらにこの疑をなす。そのゆえは、宿善あつきものは、今生にも善根を修し悪業をおそる。宿善すくなきものは、今生に悪業をこのみ善根をつくらず。宿業の善悪は、今生のありさまにてあきらかにしりぬべし。しかるに善心なし。はかりしりぬ。宿善すくなしといふことを。

これまた愚かな、訳の分かっていない迷いの、無用の疑いです。その理由は、宿善（前生に善い行いをしている）篤しきものは、今生でも善行を好んで、悪業を恐れている。宿善少ない者は、今生に悪業を好んで、善根をつくらない。宿業の善悪は今生のありさまにて明らかに知ることが出来ます。それで今は善心がないと思い知ることは、宿善が少ないということです。

今の生活で、宿悪宿善の様子が分かり、自分は宿善が少ないから、いい行いをしていないし、ひいては往生出来ないという質問の趣旨を確認しています。

われら罪業おもしといふとも五逆をばつくらず。善根すくなしといへどもふかく本願を信ぜり。逆者の十念すら宿善によるなり。いはんや尽形の称念むしろ宿善によらざらんや。な

にのゆえにか逆者の十念をば宿善とおもひ、われらが一生の称念をば宿善あさしとおもふべきや。小智は菩提のさまたげといへる、まことにこのたぐひか。

私どもが、罪が重いといっても五逆罪をつくっていない。善根が少ないといっても深く本願を信じてお念仏しています。五逆の者の十念ですら宿善によるのです。当然、普通の方（尽形）の称念はむしろ宿善によるのではありませんか。何の故に五逆のものの十念を宿善と思い、自分たちの一生の称念を宿善が浅いと思うのですか。こざかしい智慧はお悟りへの邪魔になりますというのは、このことでしょか。

自分の念仏を卑下することはありません。お念仏をすることは既に宿善のもようしです。『教行信証』の総序文に「たまたま行信を得れば遠く宿縁を慶べ」と親鸞聖人はおっしゃっています。『歎異抄』では「そくばく（たくさん）の業をもちける身にてありけるを、たすけんとおぼしめしたちける本願のたじけなさよ」と如来の方で、業の有無を問わず、一切かまわず救うと受け止めておいでになります。親鸞聖人の弥陀一仏への帰依は、自己を無にする自力否定の在り方で、仏教における無我のありかたを示していませんか。身近な、短期的な因果応報、宿命宿悪宿善ということは本気では認めていないのではないでしょうか。因縁とか、偶然の出会いを、宿縁という言葉で言う例としては、『歎異抄』十三条では「（人は）善悪の宿業を心得ざるなり。よきこころのおこるも宿善にもよおすゆえなり。兎毛・羊毛のさきにいるちりばかりもつくる罪の宿業にあらずといふことなしとしるべし」とあります。ここでは宿業という言葉もあります。やはり遠いところの縁ですね。それらは皆、阿弥陀如来の救済によって救われていくものであって、その内容の軽い重いを問われていません。

因果応報、輪廻転生は確かに仏教の言葉ですが、日本の古来の考え方と深く結び付いてきます。『日本霊異記』など古典の説話集のお話は因果応報輪廻転生だらけです。それは日本の人々の倫理観を生み出していると言えます。先祖を大切にせよというのは日本古来の思想です。だから日本では亡くなったご先祖も身近においでで、盆暮れに帰ってくる。古い先祖は神になります。霊という概念からは祖霊となります。さらに時代が下がってきますとそこに因果応報が加わり、それが主になります。お家の系統がその因果応報の流れに沿って、先祖の罪が今及んできていると、脅かされます。業が先祖の罪といっても、ご先祖は二十代も前になれば百万人になるそうですが、そんなにたくさん方の罪の責任を背負うことになります。ところが先祖の霊を慰めるとか、先祖の霊を断ち切らないと不幸になるとかいった霊媒の新興宗教もおこっています。真宗ではみな仏様になるのですから、先祖がたたってくることはありません。宿縁宿業などは、己一人が受け止めることであって、むしろ遠いご先祖のことなどは、軽く受け止める方がいいのではないでしょうか。弥陀の前にはそれら宿縁宿業ということによる悪については、なにも問われない、お浄土に往くには一切関係ないということです。関係ないよということがむしろ、如来様との宿縁です。この『唯信鈔』の聖覚法印はそこまでは言いませんが、自らの称念を卑下することはない、弥陀を信じなさいということです。

その弥陀を信じ、念仏することについて、次の問題が起こります。

(へ)一念と多念　(『唯信鈔』)

次に念仏を信ずる人のいはく、往生浄土のみちは、信心をさきとす。信心決定しぬるには、あながちに称念を要とせず。経にすでに乃至一念と説けり。このゆえに一念にてたれりとす。編数をかさねんとするは、かへりて仏の願を信ぜざるなり。念仏を信ぜざる人とておほきにあざけりふかくそしると。

念仏をなさっている方が、往生浄土の道は信心を先とするのです。信心を決定したならば、あながち(無理に、強いて)称念を必要としません。経には既に乃至一念と書かれています。だから一念で十分です。なんべんもの念仏の数を重ねるのは、かえって、仏の願を信じない、念仏を信じていない姿になります。念仏を信じない人たちであると言って、大いに嘲り、そしるということについて、いかがです。

信心決定したならば一念でいいのだ、それをたくさん念仏するというのは仏の願を信じない姿ではないか、ということです。ここには二つ、念仏に対する見解が書かれています。一念グループと多念グループがあることが見えます。聖覚法印はどういう立場でしょう。

まづ専修念仏というて、もろもろの大乗の修行をすてて、つぎに一念の義をたてて、みづから念仏の行をやめつ。まことにこれ魔界たよりを得て、末世の衆生をたぶろかすなり。この説ともに得失あり。

まず、専修念仏が大切だ、他のものは雑行、雑修だといって、いろいろの大乗の修行を捨てて、次には一念の念仏が大切であるという考えを立て、念仏も生涯に一回すればいいと言って、その念仏もやめてしまった。誠にこれは魔の世界に寄り添った、この世（末世）の衆生を混乱させる仕業です。

仏教では悪魔という言い方はありません。魔という言葉は、仏法に反する考えという事です。悪魔、魔物という人格的な存在は言いません。一念が大切というい点と一念でやめるという間違ったところとがあります。

往生の業、一念にたれりといふは、その理まことにしかるべしというとも、遍数をかさぬる

は不信なりといふ、すこぶるそのことばすぎたりとす。一念をすくなしとおもひて、遍数をかさねずば往生しがたしとおもはば、まことに不信なりといふべし。

往生の仕事は、一念で十分であるというのは、その筋道はまことにそうであると言えますが、念仏の数を重ねることは仏に対する不信であるということは、たいへんその言葉は過ぎた（いけない）ことと考えます。一念を少ないと思って、そこで念仏の数をかさねないと、往生しがたいと思うのは、確かに仏に対する不信の表れというべきでしょう。

一念でよいというのはもっともなことだけれども、多念を仏への不信の表れと否定するのは行き過ぎです。多念の方にも一念では足りないから多念するのですと考えておられるなら、それはたしかに、仏に対する不信の表れになります。

往生の業は一念にたれりといへども、いたづらにあかし、いたずらにくらすに、いよいよ功をかさねんこと要にあらずやとおもうて、これをとなへば、終日にとなへ、よもすがらとなふとも、いよいよ功徳をそへ、ますます業因決定すべし。善導和尚は「ちからの尽きざるほどはつねに称念す」といへり。これを不信の人とやはせん。ひとへにこれをあざけるも、またしかるべからず。

一念で十分と思い、無為に日々を過ごす中で、念仏の功を重ねる必要がないのだろうか、と思い念仏するのは、一日中称え、夜もすがらに称えていても、ますます往生のための功徳が加わり、往生の業因は定まります。善導大師は「力の尽きざるほどは（力が尽きない限り＝生きて命がある限り）つねに称念する」とおっしゃっています。こういうのを不信のものとはしません。一方的にこの念仏を嘲ることもまた、当然ではありません。

一念で十分ですが、ひぐらしの中で、お念仏の功徳を重ねようかと考えて、一日中念仏を称え、夜中にも念仏するのは、功徳があり、往生の因となります。善導大師も命の限りはつねに念仏を称えるとおっしゃいます。これを不信のものとは出来ません。一方的に非難してはいけません。

ここは混乱しないように、一念でいいと言ってもう念仏しないのではなく、時間があったら念仏しなさい、ということです。

善導大師は「一心専念弥陀名号（命の続く限り念仏する）行住坐臥時節久近を問わず（動いているとき座っているとき、夜昼季節の変わろうが、時間が変わろうが）念念に捨てざるは、これを正定の業と名づく、かの仏の願に順ずるが故に」（４６３頁）。これを解釈すれば、私どもは先ず仏願に乗って念仏している。だから、念仏をしていない時でも仏願の摂取の対象になっている。集中して念仏しない、時々の、散心の念仏もあるのです。

法然上人は一日に六万回も念仏をしたと伝わっています。口を動かすほかの仕事、説法している、会話をしている、食事をしている以外は念仏をなさっていたようです。今我々はそれは出来ません。けれども気が付いたら念仏をしなさいということです。用事の合間に念仏をする、逆に念仏の合間に仕事をするということでもいいでしょう。『愚禿鈔』（５２９頁）という親鸞聖人の書物には「弥陀念仏に二種あり一つには正行の定心念仏、二つに正行の散心の念仏なり。弥陀の定・散の念仏、これを浄土の真門という、一向専修と名づくるなり」とあります。定心はこころを落ち着かせて、散心はこころの落ち着かないありさま、いずれのときでも、仏様のくださった念仏であり、我々が定心か散心であるかは問わずにくださっている念仏であり、すべてお浄土への真実の在り方、入り口であるとされます。

一念といへるは、すでに「経」の文なり。これを信ぜずば、仏語を信ぜざるなり。このゆえに、一念決定しぬと信じて、しかも一生おこたりなく申すべきなり。これを正義とすべし。念仏の要義おほしといへども、略して、のぶることかくのごとし。

一念というのは、すでに経文に書かれていることです。これを信じないのは、仏語を信じないことになります。だから、一念決定していると信じて、しかも一生怠りなく念仏を申すべきなり。これが正しい在り方とすべきです。

念仏についての、いろいろ意見がたくさんあるけれども、簡単に言えば以上のようなことです。善導大師と同じことを言われています。

さて、参考に当時の聖覚法印と同じように法然聖人の弟子であり、親鸞聖人の兄弟子にあたる隆寛律師の『一念多念分別事』という書があります。その中から二つばかり選んで、この聖覚法印の『唯信鈔』の最後に出ている質問に返事してみましょう。

(1) **念仏の行につきて、一念多念のあらそひ、このごろさかりにきこゆ。これはきはめたる大事なり。よくよくつつしむべし。一念をたてて多念をきらひ、多念をたてて一念をそしる。ともに本願のむねにそむき、善導のをしえをわすれたり。**

念仏をするについて、一念か多念かの争い、盛んに聞こえてくるが、これはとても大切なことだから、よくよく考えなさい。間違っていますよ。

一念を立てて多念を嫌う、多念を立てて一念を非難しさげすむ、両方とも弥陀の本願に背反していますし、善導大師のお教えを忘れている姿です。だからやめなさい。

(2) **多念はすなはち一念のつもりなり。そのゆえは人のいのちは日々に今日やかぎりとおもひ、時時にただいまやをはわりとおもふべし。無常のさかひは、生まれてあだなるかりのすみかなれば、(中略) いのちのたへんことは、賢きも愚かなるもひとりとしてのがれるべきかたなし。**

このゆえにただいまにてもまなこ閉じはつるものなれば、弥陀の本願にすくはれて極楽浄土へ迎へられたてまつらんとおもひて、南無阿弥陀仏ととなふることは、一念無上の功徳をたのみ、一念広大の利益を仰ぐゆえなり。

多念というのは一念の積ったものです。そのわけは、人の命というものは日々、今、命が終るかもしれないと思うことです。命の無常のありさまは、この世は仮の住まい、命の終る事は誰も逃れられません。だから今、命が終わり果てれば、弥陀の浄土に救われ迎えられんと思って、刻々に念仏をして積もっていく。その一念一念に阿弥陀如来の御徳がこもっている。その一念のご利益をいただけるからである。

(八)　結びの文、それぞれの思い

(イ)　聖覚法印の『唯信鈔』の後序と写本末

これをみん人、さだめてあざけりをなさんか。しかれども、信謗ともに因として、みなまさに浄土に生るべし。今生ゆめのうちのちぎりをしるべとして、来世さとりのまえの縁を結ばんとなり。われおくれば人にみちびかれ、われさきだたば人をみちびかん。生々に善友となりてたがひに仏道を修せしめ、世世に知識としてともに迷執をたたん。

本師釈迦尊　悲母弥陀仏　左辺観世音　右辺大勢至
清浄大海衆　法界三宝海　証明一心念　愛愍共聴許

これを読む人は、きっとあざけるでしょう。けれどもこの本を信ずる方もけなす方もみんなお浄土に生まれます。今生の夢のような一生の中で、その様なお約束があることをお知りくださるように、来世のお悟りをいただく前にご縁を結ぼうとしました。お浄土に私が遅く往くならお導きいただきましょう。私が先に往くならお導きいたします。生きている中ではお互い良き友となって仏道を修行しましょう。後世の方々には先達者として、ともに迷いの世を抜けましょう。

本師のお釈迦如来様、悲母の如き阿弥陀様、左におわす観音様、右においでの勢至菩薩様、清浄なお心を持つ皆様方、仏法をお示しの三宝のすべてに申します。一心のお心を証明して、哀れみと悲しみの心をもって、ともに聞きいれお許しください。

後序（末尾の言葉）です。よって格別の法義が述べられているわけではありませんが、後序には著作後の本人の気持ちが表れていると思います。

草本にいわく　承久三歳仲秋中旬第四日　安居院の法印聖覚の作。
歓喜二歳仲夏下旬第五日かの草本　真筆をもって愚禿釈親鸞これを書写す

親鸞聖人の書写の記録です。草本とは原稿本、つまりは直筆の本ということです。

㋺『唯信鈔文意』のあとがきと写本末

いなかのひとびとの、文字のこころもしらず、あさましき愚痴きはまりなきゆえに、やすくこころえさせんとて、おなじことを、たびたびとりかへしとりかへし書きつけたり。こころあらんひとは、をかしくおもふべし、あざけりをなすべし。しかれども、おほかたのそしりをかへりみず、ひとすじに愚かなるものを、こころえやすからんとてしるせるなり。

康元二歳正月二十七日　愚禿親鸞八十五歳これを書写す。

書写というのには書いたというのと、写したというのがありますが、ここは書いたということです。文の意味は「はじめに」で引用しましたので略します。

講義書・参考図書一覧

『唯信鈔』　承応二年板行本（1653年）

『親鸞著作全集』所収『唯信鈔』、『唯信鈔文意』　金子大栄編　法蔵館刊（1964年）

（『唯信鈔』は寛喜二年写本、『唯信鈔文意』は、康元二年一月二十七日写本）

『浄土真宗聖典』（註釈版・第二版）所収『唯信鈔』、『唯信鈔文意』　本願寺出版刊（2004年）

『唯信鈔関典録』　琢成　真宗全書四八巻（未読）

『唯信鈔講説』　義門　真宗全書四五巻（未読）

『唯信鈔儀』　如信上人作とある　入手古本（何かよく分からん）

『聖覚法印唯信鈔』　古悳の法系黄金の沙子　仮名書　変体かな書

（今のところ読めていない。刊行年等表記なし）

『唯信鈔聞記』　著者不明　真宗全書四五巻（未読）

『唯信鈔』講義　細川行信　東本願寺刊（1978年）

『唯信鈔』講義　安富信也　大法輪閣刊（2007年）

『唯信鈔』を読む　宇野弘之　山喜房仏書林刊（2019年）

『唯信鈔文意』（所蔵古写本、影印判、静岡、教覚寺刊　昭和十年（１９３５年）
『唯信鈔文意』（浄土真宗聖典）（現代語版）本願寺出版刊（２００３年）
『唯信鈔文意』　康元二年一月二十七日写の影印本
（高田本山、立教開宗七百年記念出版）（１９２６年）
『唯信鈔文意関典録』　琢成　新編真宗全書教義編十六巻
『唯信鈔文意録』三巻　深励　新編真宗全書教義編十三巻（１８１２年）
『唯信鈔文意義概』　履善　新編真宗全書教義編十五巻
『唯信鈔文意講説』　霊傳　真宗全書五七巻　（未読）
『唯信鈔文意辛巳録』　法海（易行院）真宗体系二十二巻（１８２１年）
『唯信鈔文意講話』　林水月　教育新潮社刊（１９８５年）
『唯信鈔文意講義』　梅原真隆　顕眞学苑刊（１９３７年）
『唯信鈔文意に聞く』　小端静順　教育新潮社刊（１９９９年）
『唯信鈔文意講讃』　中西智海　永田文昌堂刊（１９９７年）
『唯信鈔文意論考』二巻　村上通明　中外日報社刊（１９９９年）
『唯信鈔文意講義―信は人に就く―』　細川　巌　法蔵館刊（１９９８年）

『唯信鈔文意講読』　安藤光慈　永田文昌堂刊（2011年）
『唯信鈔文意講義』　田代俊孝　法蔵館刊（2012年）
『現代語唯信鈔文意―親鸞思想を読み解く―』　親鸞仏教センター刊（2018年）
『聖典セミナー唯信鈔文意』　普賢晃壽　本願寺出版刊（2018年）
『このことひとつという歩み』　宮城　顗　法蔵館刊（2019年）

あとがき

聖覚法印は法然上人の念仏の教えに引かれ、その教えを深く理解しました。その現れが『唯信鈔』です。そこには「至誠心・深心・回向発願心の三心を核にした信心を伴う念仏をすべし」と論じ、しかも、仏教書と言えばほとんど漢文で書かれていた時代に、和文で書かれていて多くの庶民を教化しました。

親鸞聖人はその内容も体裁も喜ばれて、多くの門弟に『唯信鈔』を読むことを勧められ、また書写して与えていています。更にその文中の経、論、釈の漢文を注釈して『唯信鈔文意』を著し、和文で解説なさいました。その著作『唯信鈔』は首尾一貫していますが、『唯信鈔文意』は語句の解説であり、著作として首尾の一貫性に欠けますが真宗の立場を明らかにしています。

この度、『唯信鈔』と『唯信鈔文意』を読み直し、親鸞聖人が易しくお書きになられているのを更に易しくと、大それた思いで書き始めたのですが、原稿を読みなおしてみますと、回りくどく徘徊していて、却って分りにくくしてしまったのではないかと忸怩たる思いです。

私どもは「摂取して捨てたまわず」という、阿弥陀如来の慈愛のこもったお誓いの世界に居ること、そして、仏に成るという事はそこに「度衆生心」がある事を学びました。そして現代の真宗ではこの「度衆生心」が、忘れられているのではないかと感じました。

命あることが最優先の時代ですが、命には限りがあります。しかし死は終わりではないのです。浄土から多くの者に呼びかける愛の世界があるのです。無量寿の世界があるのです。その思いが心を豊かにしてくれるのでしょう。

末筆ながら、本書の完成にあたっては、善本社・手塚社長に多大なご尽力をいただきました。筆慣れぬ筆者に細かくご指導いただき、有り難いことでした。厚く御礼申し上げます。善本社の社名が親鸞聖人のお言葉から命名されたという事をお聞きし、宿縁を感じました。

――著者略歴――

木邊　円慈（きべ・えんじ）

1939年　滋賀県生まれ。
　　　　真宗木辺派本山・錦織寺の法嗣として、祖父木邊孝慈（九条武子さまの兄）の薫陶を受けて育つ。
1963年　早稲田大学文学部卒業。
　　　　東京・大森学園高校教諭、京都光華学園高校教諭、教頭。光華女子大・短期大学講師、近畿大学通信教育部講師、京都橘大学講師など歴任。
1990年　錦織寺門主に就任。
2010年　親鸞聖人750回忌厳修す。
2019年　門主退任。

著作
『親鸞聖人御足跡の本山錦織寺』（京都・青幻舎刊、現絶版）
宗門内の教化パンフレット多数　『歎異抄』、『教行信証』総序文、『正信念佛偈偈』、『無量寿経』、『観経』、『阿弥陀経』など。

『唯信鈔』と『唯信鈔文意』

令和五年三月十日　初版印刷
令和五年三月十日　初版発行

著　者　木邊円慈
発行者　手塚容子
製　作　善本社製作部

〒一〇一-〇〇五一　東京都千代田区神田神保町二―十四―一〇三
発行所　株式会社　善本社
TEL　(〇三)　五二一三―四八三七
FAX　(〇三)　五二一三―四八三八

ISBN978-4-7939-0492-9　C1015